KB234865

독립의 기술

프리랜서와 독립기업가의 핵심전략노트

독립의 기술

프리랜서와 독립기업가의 핵심전략노트

울프 마이랜더 지음 | 신혜원 옮김

옮긴이 _ 신혜원

1966년 서울 출생. 이화여대 독어독문학과를 졸업하고 독일 아우구스부르크대학교에서 독어학을 공부했다. 현재 프리랜서 전문번역가로 활동하고 있다. 옮긴 책으로『내 애인은 유혹에 약하다』,『불가사의한 1000가지 이야기』,『세기의 자살자들』,『번번이 실패하는 사람, 반드시 성공하는 사람』,『일하는 여성의 행복 찾기, 그 10가지 힌트』,『나를 행복하게 만드는 내 마음의 동화』등이 있다.

독립의 기술

초판 1쇄 인쇄 2004년 6월 15일
초판 1쇄 발행 2004년 6월 21일

지은이 울프 마이랜더
옮긴이 신혜원
펴낸이 정차임
마케팅 조희정
디자인 이순선
펴낸곳 도서출판 몬순
등록 2004년 5월 27일 제313-2004-00135호
주소 서울시 마포구 서교동 361-10번지 201호
전화 02-332-1212
팩스 02-332-2111
이메일 monsoonpub@naver.com
ISBN 89-955354-0-7 03320

네가 진정으로 하고 싶지 않은 일은
하지 말라. 그리고 결코 단순한 부산함과
진정한 활동성을 혼동하지 말라.
— 어니스트 헤밍웨이

차례

독립기업가의 생존 법칙을 배워라

당신은 혹시 안정적인 직장을 그만두고 전부터 늘 하고 싶어 했던 일을 마침내 시작하고 싶다는 생각을 하고 있는가?

당신은 막 대학을 졸업하고 이제 자신의 일을 시작할 것인지 아니면 여기저기에 '수습사원', '자원봉사', 혹은 '영업부 보조 직원' 등으로 이력서를 낼 것인지를 결정해야 하는 기로에 서 있는가?

당신은 회사의 위계질서, 직원 유니폼, 관료주의 그리고 정해진 업무 시간 등에 대해 거부감을 가지고 있는가?

당신은 자신의 이상적인 직업에 대해 대략적인 상상도만을 가진 채 제대로 전력투구를 해보지 못하고 있는가?

당신은 경제적으로 안정되어 있으므로 제2의 자유 직업으로 출세와 성공을 위한 노력을 시도해 보고 싶은가?

만약 당신이 이런 경우들에 속한다면 당신은 자유의 정글 속으로 합류하기에 충분한 자격이 있다.

어쩌면 당신은 이미 프리랜서나 독립기업가로서 원하는 분야에서 일하고 있지만 이 세계의 법칙과 친숙해지는 데 어려움을 느끼고 있을지도 모른다. 또 당신은 스스로 뛰어난 능력을 가지고 있지만 외부적으로 인정을 받기에는 아직 시장이 충분히 형성되어 있지 않다고 여기고 있을지도 모른다. 그리고 당신은 작은 약점 때문에 생활 기반이 아직 안정적이지 못하거나 한마디로 출세를 하지 못하고 있을 수도 있다. 그렇다면 이 책은 프리랜서와 독립기업의 세계에서의 생존 법칙을 배우는 데 당신에게 대단히 유용할 것이라고 믿는다.

프리랜서와 독립기업가의 세계는 사실 안정적인 직장이라는 부러움의 땅과 실업이라는 음지의 땅에 똑같이 접해 있다. 의심과 편견은 어느 곳에나 있게 마련이다. 고정적인 직업의 세계에서는 프리랜서와 독립기업가를 그 성공 여부에 따라 때로는 동정하기도 하고 때로는 부러워하기도 한다. 우리는 결국 자유로운 창의성을 불신하는 비독립적인 문화에 살고 있는 것이다.

그러나 이와 반대로 힘겨운 싸움을 통해 시장에서 자신의 가치를 피력해야 하는 많은 프리랜서와 독립기업가들은 비밀스럽게 안정적인 삶을 꿈꾸기도 한다. 사실 그 안정성이란 것이 그들이 평소에 일상적인 진부함과 스트레스에 대한 보잘것없는 보상이라고 비난했던 것임에도 불구하고 말이다.

그래서 『브랜드 1』지의 편집장인 가브릴레 피셔는 "독립이란 결코 안식처가 아니다"라고 말했다. 독립의 세계로 들어서려는 사람은 휴가 동안 특별히 모험적인 여행을 계획할 필요가 없다. 자신의 삶 속에서 충분히 많은 모험을 경험하게 될 것이기 때문이다. 그 외에도 어려움은 얼마든지 있다. 독립의 세계에는 임금 인상을 위해 함께 투쟁하는 노동조합도 없다. 또한 회사와의 고정적인 계약으로 일정한 생활 수준을 보장받지도 못한다. 연금 문제도 불확실하다. 결국 자유업을 가진 사람들은 계약과 계약, 고객과 고객, 그리고 프로젝트와 프로젝트의 연결을 통해 살아가는 셈이다.

어디나 그렇듯이 자유업의 세계에서도 개인에 따라 사회적 위치에 많은 차이가 있다. 자유업에 종사하는 대부분의 사람들은 최소한의 생활기반 위에서 열악한 조건으로 일하며 주어지는 모든 기회를 받아들이게 된다. 단지 소수의 사람들만이 성공의 행운을 누리고 일거리를 선택할 수 있다. 그럼에도 불구하고 자유업의 영역은 끊임없이 확대되고 있다. 부자유스러운 풀타임 근무 시스템이 위축되고 있는 만큼 새로운 직종들이 생겨나고 계속적으로 그 영역이 확장되고 있다.

이러한 자유업이 내놓을 수 있는 가장 효과적인 유혹의 수단은 바로 창의성이다. 창의성은 다양한 형태로 표현된다. 책이나 기사를 쓰고, 곡을 작곡하고, 영화를 찍고, 옷을 디자인하고, 만화를 그리고, 고객과 상담하고, 환자를 돌보고, 소프트웨어를 개발하고, 그 외의 다른 많은 일을 통해 나타나게 된다.

일을 통해 자기 자신을 실현하는 것, 그것이 바로 자유업의 약속이다. 그러나 사람이 과연 그것만으로 살아갈 수 있을까?

사업의 수익성에 대한 이야기가 나오면 창의적인 자유업에 종사하는 많은 사람들은 인상을 쓰게 마련이다. "생활하기가 힘들죠." "겨우 근근이 살아가는 정도죠." "다행히도 저는 생계수단이 되는 주업을 가지고 있어요." "제게 물려받은 재산이 없었다면 큰일 날 뻔했죠."

많은 프리랜서와 독립기업가들이 각자의 분야에서는 천재로 통하지만 사업적인 측면에서는 실패하기가 일쑤다. 그런데 프리랜서와 독립기업가들의 창의성은 사업적으로 안정이 되어야 진정으로 그 진가가 발휘될 수 있다. 시장의 수요가 없다면 아무리 여러 번 고치고 다듬은 원고라도 무슨 소용이 있으며, 최고의 상품 견본, 가장 잘 만든 시험용 녹음테이프, 혹은 최상의 치료법 교육이 무슨 의미가 있단 말인가?

자유업으로 생계를 유지하기 위해서는 일반적으로 긴 궁핍의 시기를 극복해야만 한다. 예를 들면 비싼 교육비, 많은 비용이 들어가는 초보적인 실수, 잦은 실패로 인한 둔한 성장곡선, 예측하지 못했던 사업적인 고공비행과 추락 등의 경험을 감수해야 한다는 뜻이다.

그리하여 결국 많은 사람들에게 프리랜서와 독립기업가라는 직업은 하나의 꿈으로 그치게 된다. 왜냐하면 그들은 자신들의 취미를 직업으로 만들어보려는 시도에서 실패하거나 혹은 아예 실패의 위험성을 감수하려고 하지 않기 때문이다.

프리랜서와 독립기업가를 위한 사회적인 상황은 그리 낙관적이지만은 않다. 정부에서는 흔히 독립기업에 관해 희망적인 말을 하지만 그들이 차지하는 비율은 아직 낮은 편이며 파산률은 높은 편이다. 때문에 자유업과 독립기업이 높은 수익과 연결되는 경우는 매우 예외적인 일일지도 모른다. 그러나 소위 성공한 사람들의 특징을 살펴보자.

그들은 왜 프리랜서나 독립기업가가 되었을까? 그들은 성공하기 전에 어떤 어려움들을 극복해야 했는가? 사업 파트너, 동료, 고객, 혹은 1인기업가로서 감당해야 하는 조직적인 도전 등과 관련해서 어떤 직업적인 전략들이 실제로 유용한가? 당신은 그들을 통해서, 곧 그들의 강점과 약점을 통해서 무엇을 배울 수 있는가?

자유업의 세계에서 성공적으로 직업적인 기반을 구축하기 위해서 당신은 무엇을 할 수 있고 무엇을 해야 하는가? 이 책이 당신을 도와줄 것이다. 또한 당신은 다양한 힌트와 체크 리스트를 활용해서 자신의 강점과 약점을 파악하는 법을 배울 수 있고 시장에서 더욱 성공적인 결과를 얻기 위해 어떤 노력을 해야 하는지 깨닫게 될 것이다. 당신이 아직은 독립에 대해 생각만 하고 있는 사람이든, 혹은 이미 독립을 위해 행동을 개시한 사람이든 나와 인터뷰를 했던 많은 사람들의 경험으로부터 긍정적인 자극과 도움을 받을 수 있을 것이다. 그들은 싸워 이겨야 했던 모든 어려움에도 불구하고 독립의 길로 들어선 것을 결코 후회하지 않았다.

독립기업가, 자유업인, 프리랜서, 자유계약 직원, 고정적 자유업인. 이런 여러 가지 명칭들은 동일한 사람을 이르는 말인가, 아니면 자유업의 다양한 분야를 의미하는 것인가? 프리랜서와 독립기업가는 어떻게 구별되는가? 자유계약 직원과 독립기업 사이에는 어떤 차이점과 공통점이 있는가? 보다 확실한 이해를 위해 각각의 명칭들에 대한 특징을 간단히 정리하였다.

- 독립기업가란 모든 자유업인과 가게나 회사의 소유주를 포함한 그 외의 다른 독립적 영업자를 이르는 포괄적인 개념이다. 독립기업가는 분명 기업가이되 직원이 없을 수도 있고 적거나 많을 수도 있다.
- 자유업인은 예술적, 의료적, 혹은 출판이나 상담과 관련된 분야에서 법률적으로 특정한 개념이 부여된 자립적인 일을 하는 사람들이다. 이들은 영업 업무에 대한 강제성으로부터 자유롭다.
- 프리랜서는 자유업 방식으로 일을 하는 사람이다. 특히 이 개념은 IT분야와 대중 매체 분야에서 통용되고 있다. 프리랜서는 영업에 대한 강요를 받지 않고 프리랜서 일과 고정된 직업을 동시에 유지하지 않는다는 전제하에서 자유업인이라고 칭할 수 있다.
- 자유계약 직원이란 세금과 관련해서는 자유업인, 일을 하는 방식과 관련해서는 독립기업가라고 할 수 있다. 특정한 회사에서는 이들을 경우에 따라 '임금 고용자'로 부르기도 한다. 자유계약 직원으로 불리는 사람은 때에 따라서 고

정적인 직장의 채용 예정자로 이해되기도 한다.
- 고정적 자유업인은 독립기업과 고정적 직업의 자웅동체 형태와 유사하다. 그들은 계약 위탁자와 기본적인 계약을 맺고 임금을 받는 원칙 하에서 규칙적으로 일을 한다. 또한 그들은 일종의 수당으로 특정한 기본급의 액수를 고정적으로 보장받는다.

그러나 이렇게 글로 분명하게 구별하여 설명되는 내용들이 실제로는 여러 가지 혼합 형태로 서로 얽히게 마련이다. 직업과 회사의 상황에 따라서 앞에서 나열했던 형태와 일치하지 않는 경우들이 많이 나타나며 법과 세금 체계의 복잡성 때문에 그러한 분류가 어려워지기도 한다. 그러므로 당신은 얼마든지 자신에게 유용한 방식으로 이해하고 판단할 수 있다. 이 책에서는 주로 일반적인 형태, 즉 프리랜서와 독립기업가를 위한 이야기를 하게 될 것이다.

나는 작가, 강사, 치료사, 그리고 인성 컨설턴트 등으로 10여 년 간 일을 하면서 실패와 성공을 다양하게 겪었다. 그런 과정을 거치며 내가 확신하게 된 것은 자유업의 길은 진정으로 시도해 볼 만한 가치가 있다는 사실이다. 자유와 자기실현을 체면과 안정보다 중요하게 여기는 사람이라면 누구에게든 말이다.

생활수준에 대해서 말하자면 나는 자유업인으로 때로는 대단히 풍요롭게, 때로는 그럭저럭, 때로는 매우 힘들게 지낼 때도 있었다. 그러나 언제나 단기간의 힘든 시기가 지나고 나면 비교적 긴 상승 기간이 계속되었다. 그리고 나는 힘든 시기에는 언제나 어려움을 헤쳐나갈 돌파구가 생긴다는 사실을 알게 되었다.

다른 한편으로는 일 주일 내내 규칙적으로 출근해야 하고, 나와 별 상관이 없는 동료들과 함께 지내야 하고, 그다지 흥미롭지 않거나 전혀 즐겁지 않은 일들을 해야 하는 고정적인 직업에 대한 불쾌한 상상이 나로 하여금 위기의 시기에 겪는 자유업의 불안정함과 타협하도록 만들었다. 자유업에 종사하는 나는 적어도 어떤 계약이든 그것을 받아들일지 아닐지를 스스로 결정할 수 있고, 동시에 그 일 속에서 나의 정체성을 찾을 수 있다. 간단하게 말하자면 직장 생활의 기본적인 질적 문제는 일반적인 생활 기반의 위기와는 별개라는 사실이다.

그러나 근본적인 자기 신뢰가 없었다면 나는 결코 프리랜서라는 직업을 선택하기 힘들었을 것이다. 왜냐하면 이 세계에서 성공적인 결실을 맺기 위해서는 충분히 긴 시간을 버티어야 하고 충분히 많은 위기들을 극복해야 하는 현실을 알고 있었기 때문이다. 사실 처음에는 이런 점을 크게 실감하지 못했지만 프리랜서로 일을 하면 할수록 더욱 확실히 알게 되었다.

이 책을 쓰기 위해 나는 약 50명에 이르는 프리랜서 내지는 독립기업가들과 인터뷰를 했다. 그들은 정보산업, 매체, 예술, 치료, 학습, 상담 등 다양한 분야에서 일하고 있는 사람들이다.

나는 그들이 어떻게 힘든 과정을 극복했는지, 프리랜서 내지는 독립기업가라는 자신의 위치에 대해 얼마나 만족하는지 알고 싶었다. 물론 이때 나타나는 성공의 모습들은 각기 다를 수 있을 것이다. 그들이 들려준 직업에 대한 이야기와 에피소드들은 나에게 많은 도움이 되었다. 인터뷰 대상자의 요청에 따라 사례 속에 등장하는 이름들은 가명으로 대체했음을 알려두는 바이다. 그러나 이야기의 핵심은 사실 그대로 보존되어 있다는 점 또한 미리 밝혀두고 싶다.

내가 독립적인 직업과 관련해서 풍부한 경험을 가지게 된 세 번째 원천은 바로 컨설턴트라는 나의 직업이다. 내가 주로 독립적인 직업을 가진 고객들을 상대하고, 지금까지 그들의 직업적, 개인적 발전의 과정을 동행할 수 있었던 것은 내게 큰 보탬이 되었다.

각 장별 요점

당신은 프리랜서와 독립기업가로서 어떤 분야에서 일을 하든 다음 장들에서 다루게 될 전형적인 문제점이나 난관들과 부딪히게 될 것이다. 여기에 대처하기 위한 힌트와 요령에 대한 간략한 요약이 당신이 일하는 데 도움이 될 것이며 올바른 자기평가의 가능성을 제공할 것이다.

1장 독립기업가, 그 위험성과 기회

여기서 당신은 노동시장의 변화에 대한 근본적인 평가의 기회를 얻게 될 것이다. 삶의 질적인 측면에 중점을 둔 두 가지의 각기 다른 직업 형태를 비교함으로써 스스로 장단점에 대해 생각해 볼 수 있을 것이다.

2장 일하는 즐거움과 일에 대한 두려움

일을 할 때 느끼는 즐거움이란 훌륭한 성과를 위한 최고의 동기이며 동시에 최고의 온상이다. 만약 당신이 즐거움을 느끼는 일로 돈 버는 일을 시도한다면 굳이 특별한 성과급이나 보너스를 통해 고무될 필요가 없다. 그러나 당신이 자유업인으로서 원하는 대로 일을 할 수 없는 경우도 흔히 생길 수 있다. 때로는 일거리가 전혀 없을 수도 있고 때로는 계약을 하려는 사람들이 줄을 설 수도 있기 때문이다. 당신에게는 올바른 시간 관리와 자기 관리가 지속적으로 요구된다. 여기서 당신은 자신의 능력을 최대한으로 발휘하기 위해서 어떻게 해야 할지 알게 될 것이다.

3장 독립의 기반 구축하기

여기서는 자유업 내지는 독립기업과 관련하여 보다 현실적인 문제들이 다루어질 것이다. 이제 막 새로운 길에 들어선 초보자로서 당신은 실질적인 안내를 받을 수 있을 것이다. 곧 나만의 기업을 어떻게 세우는지, 내 사무실을 어떻게 정리하는지, 재정적인 위기들을 어떻게 극복하는지, 어떻게 하면 경영 비용을 최소로 유지할 수 있는지, 또한 어떻게 고객들이 정확하고 신의 있게 지불하도록 만드는지, 어떤 상황에서 계약을 끝내는 것이 더 바람직한지 등에 대해서 다양한 조언을 얻게 될 것이다.

4장 인적 네트워크 만들기

사업상 만나는 고객, 사무실이나 장소를 나누어 쓰는 사업 파트너, 그리고 당신이 전문 분야에 집중할 수 있도록 도와주는 직원 등이 당신의 인적 네트워크에 속한다. 흔히 대규모의 계약들은 단지 네트워크 속에서 공동 작업을 통해서만 완성될 수 있다. 그리고 이때 당신이 협동 작업의 경험이 있는 자유업인이라면 확실한 장점을 지닌 셈이다. 이 장에서 당신은 협력의 원칙이 어떤 장점과 맹점을 가지고 있는지 그리고 바람직한 공동 작업이란 어떤 형태인지를 파악하게 될 것이다.

5장 고객 찾기와 연결하기

어떻게 하면 사람들의 시선을 나에게 집중시키는가? 잠재적인 고객들과의 접촉에서 어떻게 나의 실력을 보여줄 수 있는가? 어떻게 고객들의 기대를 만족시킬 수 있는가? 지속적인 관계를 유지하려면 고객과의 갈등에서 생기는 위기를 어떻게 극복하는가?

당신이 프리랜서와 독립기업가로서 시장에서 확고한 자리를 잡기 위해서는 원래의 전문적인 업무 능력과 더불어 사회적인 혹은 사교적인 능력이 필요하다. 당신의 계약 파트너가 개인이든 혹은 어떤 조직이든 상관없이 당신의 고객은 대우받기를 원한다. 그런 다음에야 지속적인 고객 관계가 형성될 수 있다.

6장 나만의 개성 만들기

사실 당신의 개성은 프리랜서 혹은 독립기업가라는 직업 형태를 선택했다는 점에서 이미 잘 드러나고 있다고 말할 수 있다. 이제 중요한 것은 그것을 세련되게 다듬는 일이다. 왜냐하면 더 적은 혹은 더 많은 차별화된 개성이 당신을 시장에서 경쟁자들로부터 눈에 띄게 만들고 시장 점유를 위해 중요한 역할을 하기 때문이다. 특정 분야 개발, 전문화, 패치워킹 등이 흔히 시도되는 개성 전략들로, 당신은 그 장점과 단점에 대해서 파악할 수 있을 것이다.

1

독립기업가, 그 위험성과 기회

미래의 노동시장 — 독립기업가의 시대가 열린다
독립기업가와 직장인, 어떻게 다른가

미래의 노동시장
― 독립기업가의 시대가 열린다

한 전문기관의 조사에 따르면 자유업에 종사하는 사람들의 숫자는 해마다 늘어나고 있으며, 점점 더 많은 분야에서 독립기업이 생겨나고 있다고 한다. 그리고 이런 경향은 더욱 강해지고 있다. 유동적인 직업이 전 세계적으로 호황을 누리고 있으며 학자이든 특별한 교육을 마치지 않은 인력이든 자유계약 직원 혹은 차용노동력으로 이해되고 있다. 이런 현상은 앞으로 10년 후에는 직업을 가진 사람들의 약 절반만이 지속적이고 사회적으로 인정되는 풀타임 직업을 가지게 될 것임을 시사하고 있다.

물론 사회학자와 경제학자들이 이런 변화를 어떻게 평가하는지에 대해서는 아직 일치된 의견을 가지고 있지 않지만, 세계화되고 다양화된 자본주의가 점점 더 많은 자기 책임과 자기 마케팅을 요구할 것이라는 점에서는 함께 동의하고 있다. 그리고 많은 사람들이 이미 미래의 노동 인력을 '독립기업가', 곧 언제나 새롭게 자신이 언제 어디서 어떻게 일할 것인지를 결정하는 인생 기업가로 보고 있다. 직업과 여가가 경제적인 관점에서 동등하게 중요시되고 있으며 이런 경향은 일과 삶의 조화라는 긍정적인 결과를 가져올 수 있다. 그럼으로써 스스로 결정하고 주도하는 삶이 가능하다는 뜻이기도 하다.

당신이 고정적인 직업을 가졌든 자유업에 종사하든 상황은 다르지 않다. 미래에는 각자의 삶에 대한 자기 책임이 점점 더 중요한 의미를 갖게 될 것이다.

결론적으로 프리랜서와 독립기업가는 직업 세계에서 점점 더 많은 비중을 차지하게 될 것이고 심지어는 미래의 노동 모델이라고도 할 수 있다. 왜냐하면 많은 기업들이 무엇보다도 직원들의 능력과 실적에 관심을 기울일 뿐 그들이 어떤 사람인지에 대해서는 그다지 신경을 쓰지 않기 때문이다. 예전에는 능력 있는 직원을 대량 채용하는 데는 정규적인 일자리가 최고의 해결책이라고 여겼고 개인의 성실함을 가장 중시했지만 새로운 조사에 따르면 한 기업에서 가장 성실하거나 충실한 사람들이 무조건 가장 능력 있고 실적이 뛰어난 사람은 아니라는 결과가 드러났다. 이런 배경에서 오늘날 점점 더 많은 기업들이 '아웃소싱'의 가능성을 염두에 두고 있으며 긴축화의 경향으로 고정적인 일자리는 점점 줄어들고 프리랜서와 독립기업가들을 위한 틈새가 생겨나고 있다.

실업률의 증가는 여러 기업에서 벌어지고 있는 대규모 해고

가 아직 끝나지 않았으며 경기가 회복된다고 해도 그런 움직임
이 단지 일시적으로 둔화될 뿐임을 증명하고 있다. 그런데 유
동성이 선호되는 이런 모든 경향에도 불구하고 많은 기업들이
특정한 핵심 사업은 여전히 고정적인 정규 직원들에게 맡기고
있다. 왜냐하면 아웃소싱을 통해서 기업은 단지 유동적인 자금
구조라는 장점만을 가지는 것이 아니라 여러 단점들을 감수해
야 하기 때문이다. 다시 말해서 정규 직원들과는 근본적으로
보다 더 수월하게 이루어질 계약 체결, 지불 이행, 품질 감독의
부분이나 상환청구의 문제 등이 아웃소싱을 통해서는 복잡하
고 불리해질 수 있기 때문이다.

그렇다면 이러한 세계적인 변화는 프리랜서나 독립기업가로
서 당신이 생각한 인생 계획과 관련해서 어떤 의미가 있는 것
일까?

첫째로 만약 당신의 사업이 계획대로 진행되지 않는다고 해
도 시대는 당신과 당신이 선택한 직업 형태에 유리하게 돌아가
고 있다는 사실로 위안을 삼을 수 있다. 물론 사회적으로 독립
기업을 위한 전반적인 조건이 나아지기 전까지는 고정적인 직
업을 이상적으로 보는 노동시장 정책의 방향 전환은 여러 정부
를 거쳐야만 성공할 수 있을 것이다.

대도시에서 작은 가게를 운영하고 있는 39세의 마리오는 지나
치게 간섭적인 노동세계와 관련해서 쓰디쓴 경험을 많이 겪었

다. "독립기업가로서 살아가기 위해서는 많은 어려운 문제들을 극복해야만 합니다. 비용이 많이 드는 특별 허가와 끝도 없이 많은 부대 의무들이 요구되죠." 그는 자신의 가게에서 우표를 판매하려고 했다. 그러나 우체국은 그에게 소매상으로서 어이없게도 겨우 3%의 매매 이윤만을 허용했고 거기다가 금고 구입까지 요구했다.

두번째로 이미 여러 상황이 미래에는 독립기업을 지원하는 방향으로 정책적인 방향 전환이 일어날 것이고 일어나야 한다는 것을 알려주고 있다. 너무 오랫동안 정부는 대기업 지원에만 치중해 왔고 상대적으로 중소기업들과 자영업자, 프리랜서들은 등한시되어 왔다. 그러나 아직 모든 상황이 끝난 것은 아니다. 다국적 기업과 대기업이 계속해서 감소했으며 몇몇 경제학자들이 예측한 것처럼 앞으로도 감소할 것이다.

러시아의 경제학자인 콘드라티에프는 경제활동에서 장기적인 파상 형성을 표현하는 순환이론을 세웠다. 이에 따르면 우리는 지금 정보기술이라는 다섯 번째 순환의 끝에 와 있고 심리사회적인 건강을 중시하는 여섯 번째 순환의 문턱에 서 있다고 한다. 여기서는 대부분의 대규모 조직에서 가능한 것보다 훨씬 더 많은 자율과 자기 결정이 요구된다.

독립기업가와 직장인, 어떻게 다른가

그렇다면 이런 모든 직업 경향에도 불구하고 많은 사람들이 여전히 고정된 일자리를 얻기 위해 그다지도 노력하고 있는 이유는 무엇인가? 2001년에 BAT(British American Tobacco)의 자유시간연구소가 행한 조사에 따르면 대상자 중 18세에서 34세의 연령층에서 안정성을 특히 중시한다는 결과가 나왔다. 단지 조사 대상자의 10분의 1정도만이 독립적인 일을 위해 안정된 직장을 포기할 준비가 되어 있었다. 연구 책임자인 호르스트 오파쇼브스키는 이런 현상을 다음과 같이 분석했다.

"아직까지 산업시대의 이상이 우리 사회를 지배하고 있다. 때문에 위험을 감수해야 하는 독립사업보다는 생계문제의 해결을 중시하고 의존적이고 종속적인 직업 형태를 원하는 사람들이 다수를 차지하고 있다."

그런데 이처럼 많은 사람들이 고정된 일자리에 얽매여 있으면서 언제까지 그 자리가 유지될지 두려워하고 있는 반면에 한

편에서는 평범한 일자리를 그다지 매력적으로 여기지 않는 소수의 사람들도 지속적으로 늘어나고 있다. 예를 들어서 그들은 다음과 같은 이유로 프리랜서를 동경한다.

- 예술적인 일을 자유롭게 하고 싶기 때문이다.
- 자신의 재능과 생활방식이 일반적인 기업 문화와는 그다지 조화를 이루지 못하기 때문이다.
- 고집이 있는 사람들이거나 개인주의자들이거나 혹은 엉뚱한 생각을 하는 사람들이기 때문이다.

일, 창의성, 지구력을 통해 얻는 기쁨과 스스로 정한 목표는 성공적인 자유업의 전제조건이라고 할 수 있다. 이것은 바로 자유업인으로 출발하여 성공한 기업가가 된 많은 사람들의 특징이기도 하다.

한 예로 현재 독일의 대부호 중 한 사람이며 인기 있는 교수로도 알려져 있는 하소 플라트너도 1960년대 말에는 IBM의 평범한 프로그래머에 지나지 않았다. 그는 1972년에 독립을 했고 '시스템분석과 프로그램개발'이라는 소프트웨어 회사를 설립하였다. 이 회사가 1976년에 SAP GmbH로 발전하게 되었던 것이다.

성공한 프리랜서와 독립기업가들은 모두 자기만의 비전을 가지고 있었다. 그것이 처음에는 명확하지 않았을 수도 있지만 직장생활을 하면서 점점 뚜렷이 드러나게 된다. 그들은 고용자로서는 이런 환상을 단지 제한적으로만 실현시킬 수 있다는 사실을 깨닫게 되고 결국 독립할 것을 결심하게 된다. 자유업인들은 흔히 평균 이상의 창의성과 자신의 삶에 대한 책임감, 그리고 평균 이상의 의욕과 어느 정도의 비타협적인 태도 등의 특성을 보인다. 그래서 프리랜서와 독립기업가들이 일을 시작하는 초기에는 그들이 원하는 것보다는 원하지 않는 것이 무엇인지를 더 정확하게 알게 된다. 그리고 실전 경험들을 통해 자기만의 방식과 기술을 터득하게 된다.

여기서 성공한 사람들이 성공하지 못한 사람들과 구별되는 점은 실패를 하더라도 결코 좌절하지 않겠다는 마음가짐이다. 처음부터 쉽게 성공을 거머쥔 자유업인은 극히 소수일 뿐이다. 대부분의 사람들이 자유업으로 노후의 삶까지 해결할 정도로 안정되기 위해서는 수년, 10년, 아니 그 이상의 시간을 필요로 했다.

프리랜서와 독립기업가들은 직업에 대한 견해에 따라 두 부류로 나눌 수 있다. 하나는 좀더 예술적인 측면에 치우치는 부류이고 다른 하나는 사업적인 측면을 중시하는 부류이다. 전자에 해당하는 사람들은 자신의 능력을 실험해 보고 그 과정에서 모험을 경험해 보기 위해 일을 한다. 그러나 후자에 속하는 사람들은 각종 청구서를 제때에 지불할 수 있기 위해 일을 한다. 스스로 진정한 독립기업가라고 여기는 소위 솔로리스트들은 전자에 해당하는 사람들로 위험한 고객들을 상대로 일을 벌여

보기도 하고 끊임없이 새로운 도전을 시도하며 언제나 실수를 저지를 준비가 되어 있다. 이에 반해 사업적인 측면을 중시하는 사람들은 안전한 고객을 상대하고 기존의 능력을 더 완벽하게 만들기를 좋아하며 무엇보다도 성공하기를 원하며 실수를 가장 피하고 싶어한다.

당신이 어느 쪽에 속하든 모든 프리랜서와 독립기업가의 공통점은 독창성과 신뢰성을 결합시키고 있다는 점이다. 그들은 자신이 누구이고, 무엇을 할 수 있고, 고객을 어떻게 다루어야 하는지 알고 있어야만 살아남을 수 있다. 또한 그들은 개인적으로 큰 의미가 있는 어떤 상품을 시장에 팔려고 하기 때문에 이런 상품이 고객들에게도 개인적인 의미를 주게 되기를 바란다. 이런 점이 그들이 가진 신뢰성의 핵심을 이룬다. 그들은 다름아닌 자기 자신의 일을 위해 몰두하고 노력하며 그로 인해 다른 조직에 있는 것보다 훨씬 더 많은 힘을 얻을 수 있기 때문이다.

안정성 vs 다양성

만약 당신이 고용자라면 임금 계약에 의거한 보호를 받게 되고 매월 정해진 날에 안정적으로 일정한 액수의 돈을 손에 쥘 수 있을 것이다. 반면에 당신이 프리랜서나 독립기업가로서 살아가게 된다면 매달 수입은 계약 건수만큼이나 불안정하고 심한 동요를 겪을 수 있다. 최악의 경우에는 끼니를 굶을 수도 있고, 최상의 상황에서는 1년 수입을 벌어들일 수도 있다. 또한 최악의 경우에는 끊임없이 새로운 고객을 찾아다녀야 하고, 최상의 상황에서는 당신이 감당할 수 있는 능력이나 업무 의욕이 넘칠 정도로 많은 고객이 몰려올 수도 있다.

프리랜서와 독립기업가에게 일을 제공하는 곳은 바로 시장이다. 그리고 여기에서도 기업 내에서와 마찬가지로 특정한 규칙들이 적용된다. 프리랜서와 독립기업가가 직장인과 다른 점은 단지 일할 영역과 분야를 스스로 찾는다는 점이다. 그렇다면 재정적인 안정이란 어떤 의미인가? 그것은 특정한 이미지, 고정적인 고객 리스트, 하나 혹은 여러 개의 기본 계약들, 경기가 좋을 때 만들어놓을 수 있는 비상금, 그리고 임금과는 상관없이 생계가 보장될 만한 재산 등을 의미한다.

그런데 우리가 자유업인의 모습을 조금 더 자세히 들여다보면 거기에도 이런 지속적인 안정성의 요소들이 존재한다는 사실을 확인할 수 있다. 시간이 흐르면서 그들에게는 주요 고객들(기업, 개인 고객, 기관)이 생기게 되고 안정적인 고객 관계가 유지될 수 있다. 물론 이런 관계들은 훨씬 덜 규제적이지만 상호간의 의존적 관계를 통해 심리적인 안정성을 제공한다.

또한 프리랜서와 독립기업가가 벌어들일 수 있는 소득에는 한계선이 없다. 때문에 작가, 작곡가, 디자이너, 자영업자로서 어려운 과정을 돌파하고 성공한 사람들은 계약의 연장 여부를 걱정할 필요가 없을 뿐 아니라 대부분 매우 풍요롭고 안정적인 자금을 소유하게 된다.

이처럼 재정적인 안정은 일반적으로 수년(혹은 수십 년)이 걸려서 얻을 수 있지만 자유업인이라면 어떤 권리나 보장성에 대한 요구(예를 들면 관계가 청산될 때의 퇴직금이나 보상금)만큼은 포기해야 한다. 의료보험이나 연금도 스스로 부담해야만 한다. 그 대신 자유업인은 자동적으로 일정한 금액들이 임금에서 축출되는 고용자보다 훨씬 더 다양한 재정 계획을 세울 수 있다.

프리랜서와 독립기업가는 시장의 동요와 경향에 대해 결코 어떤 확신도 가질 수 없다. 유행은 변하게 마련이고, 새로운 경향이 생겼다가 사라지며, 나의 잘못이 없어도 고객과의 관계가 단절되기도 한다. 그래서 경기가 좋을 때는 수입이 두 배 혹은 그 이상이 될 수 있지만 경기가 나쁠 때는 쉽게 절반 혹은 4분의 1 이하로 줄어들 수도 있다.

간단히 말해서, 재정적인 안정성으로 자유업을 평가할 수 없다. 재정적인 안정성을 무엇보다 중시하는 사람들이라면 국가의 노동법이 아직 존재하는 한 그 이점을 이용하는 편이 훨씬 나을 것이다.

삶의 수준 vs 삶의 질

사람들은 흔히 삶의 질을 양적으로 측정이 가능한 삶의 수준과 동일시하는 경향이 있다. 그러나 이 두 가지는 분명한 차이점을 지니고 있다. 삶의 질이란 환경, 인간적인 노동 조건, 건강한 식생활, 그리고 직장과 사생활의 조화, 소위 일과 삶의 조화와 관련되는 것이다.

이에 반해 삶의 수준이란 일상적인 생활을 위해 소비하는 비용의 액수와 관련이 있다. 삶의 질이란 삶의 수준을 함께 포함하되 그 이상의 의미가 들어 있으며 단순히 숫자로만 표시될 수 없는 것들도 포괄하고 있다.

당신이 프리랜서와 독립기업가로서 재정적인 안정성을 포기할 때 흔히 삶의 질을 위해 삶의 수준을 포기해야 하는 경우가 생길 수 있다. 그래서 삶의 질은 자유로운 시간 분배라는 형태로 상승되지만, 반면에 삶의 수준은 통계적으로 소비를 위한 지출 감소의 형태로 낮아질 수 있다. 그러나 전반적으로 주관적인 행복지수는 긍정적으로 나타난다.

특히 젊은 부부들의 경우에는 일과 삶의 균형이 필수적인 삶의 조건이기 때문에 많은 사람들이 이렇게 말하곤 한다. "우리 아이를 더 자주 태울 수 있다면 나는 차라리 중고 유모차를 선택하겠다."

당신은 독립된 직업을 가진 사람으로서 고용자들보다 훨씬 더 자유롭게 자신의 시간을 사용할 수 있으며 아이들과 가정을 위해 시간을 내는 일이 훨씬 더 수월하다. 결국 당신은 일과 삶의 조화를 날마다 새롭게 조정할 수 있다는 말이다. 왜냐하면 고객과 계약 파트너들로 이루어진 당신의 시장은 임금 계약보다 훨씬 더 융통성이 있기 때문이다.

물론 당신이 자유업인으로서 일을 시작하는 초기에는 계약을 맺으면서 시간적인(혹은 재정적인) 계산을 잘못하거나 과중한 일의 부담으로 스트레스를 받는 경우도 있을 것이다. 그러나 당신은 자유업인으로서 프로젝트 별로 일을 하고 각각의 프로젝트에서 자신의 역할을 새롭게 정할 수 있기 때문에 그 이후로 똑같은 상황을 재현하지 않는 것은 당신이 하기에 달려 있다.

그러나 출세의 야망을 가지고 있는 고용자들의 상황은 다르다. 회사에서 임금을 받는 시간보다 훨씬 더 많은 시간을 일하게 된다면 아내가 나를 기다리고 있다거나 아이가 나를 보고 싶어할 것이라는 생각 때문에 일에서 벗어나기란 쉽지 않다. 그러므로 고용된 직장인으로서 출세를 원하고 거기다가 자기 발전을 위한 시간이 필요한 사람은 대부분의 경우 일과 삶 중에서 한 가지를 선택할 수밖에 없다. 두 가지를 동시에 잘할 수는 없다. 왜냐하면 언제나 초과 근무를 마다하지 않는 독신들도 있을 것이고 육체적인 투자 없이 성공이 가능한 경우는 거의 드물기 때문이다.

이런 궁지에서 벗어나기 위한 방법이란 육아 휴가를 가거나 아니면 관공서에 취직을 하는 것뿐이다. 그러나 관공서란 곳은 진정으로 무엇인가를 성취하고 싶은 사람에게는 쉽게 싫증을 느낄 수 있는 직장이다.

결론을 말하자면, 일과 삶의 조화라는 측면에서 당신은 자유업인과 독립기업가로서 더 바람직한 결과를 얻을 수 있다.

정해진 네트워크 vs 선택 가능한 네트워크

프리랜서와 독립기업가들은 대개 혼자서 일을 한다. 이런 특징은 집중할 수 있고 직접 결정할 수 있다는 장점이 있는 반면에 자기중심적이고 세상물정에 어두워질 위험성도 지니고 있다. 그러나 자유업인이라고 해도 네트워크를 형성하고 그들과 끊임없는 접촉을 가지면서 일을 하는 사람은 앞의 장점들을 포기하지 않고도 이런 위험성을 피해갈 수 있다. 그런 경우를 제외한다고 해도 성공한 자유업인들은 흔히 사회적으로 수십 년에 걸쳐 쌓아놓은 광범위한 인맥을 맺고 있다. 그리고 자주 이런 표어를 내세운다. "나는 내가 좋아하는 사람들하고만 일을 한다."

이와 반대로 직장에 취직을 하는 것은 처음부터 안정된 둥지의 따뜻함을 제공받을 수 있다. 직장 동료들과 지내면서 서로에 대한 호감과 진한 우정이 생겨나기도 한다. 바람직한 기업에서는 가족적인 분위기가 형성되기도 한다. 물론 여기에는 상호간의 사회적인 컨트롤이라는 대가가 요구되지만 말이다. 그러나 흔히 이런 평화로운 겉모습 속에는 숨겨진 것이 있다. 기업 내에서 동료들의 관계란 참호전, 내부 경쟁, 기만에 지나지 않는 경우도 많다.

거기다가 이미 맺어진 사회적인 관계가 언제라도 고용자들이 스스로 결정할 수 없는 요소에 의해 깨어질 수 있다. 서로 친해진 동료들이 출세를 이유로 다른 길을 가거나 혹은 같은 회사 내에서 자리를 옮기거나 다른 도시로 이동할 수도 있기 때문이다.

결국 프리랜서와 독립기업가가 가진 또 하나의 장점은 누구와 함께 일할 것인지를 스스로 선택할 수 있다는 점이다.

단조로움 vs 융통성

흔히 사원모집 광고를 보면 신청자들에게 융통성을 요구하지 않는 경우는 거의 없다. 그러나 여기에서 의미하는 융통성이란 기업들이 합병을 하고 회사 명칭이나 조직 구조가 변할 때 직원들이 이렇게 저렇게 바뀌게 될 기업의 중심부를 잘 따라와 주는 것이다. 마찬가지로 '자기 책임'이라는 깃발과 '위계질서의 타파'라는 표어 아래에서 시간적인 융통성을 요구한다.

"당신이 언제 일을 하는지는 상관없습니다. 단지 중요한 것은 당신이 고객들이 원하는 일을 정해진 시간 안에 해내야 한다는 것입니다. 그리고 그 일을 위해 당신이 업무 시간을 초과해서 12시간을 필요로 한다면 나로서도 어쩔 수가 없는 일입니다."

흔히 사장들이 직원들에게 하는 말이다. 사장의 입장에서는 이해할 만한 일이다. 그는 자신의 기업을 꾸려가야 하고 최소한의 규칙을 정해야 한다. 그러나 직장 이외의 삶도 중요한 많은 직원들에게 이런 말은 그저 무리한 요구일 뿐이다.

이런 면에서 프리랜서와 독립기업가가 참을 수 없는 것이 있다면 그것은 타인에 의해 결정되는 길을 가는 것이다. 그들은 자신이 맡은 프로젝트의 범위 안에서 융통성 있게 일하기를 원하며 한 장소나 일정한 시간에 얽매이는 것을 싫어한다.

그렇다고 해서 당신이 사무실이나 작업실을 임대하는 일이나 스스로 일정한 작업 시간을 정하는 데 망설일 필요는 없다. 결국 모든 책임과 의무는 자발적인 원칙과 관련이 있다. 당신이 계약을 맺으면서 정한 시간적인 의무 또한 그러하다. 당신이 체결한 계약들은 대부분 시간적인 제한이 있을 것이고(무기한적인 임금 계약과는 달리) 경우에 따라서는 두 배로 일을 하며 맞추어야 하는 마감 날짜가 있게 마련이다. 대신에 다른 사람들이 주말에 비가 오면 속상해 하는 것과는 달리 당신은 주중에 언제라도 화창한 날이면 야외에서 한가롭게 햇빛을 즐길 수 있다.

자유업인의 하루 일과는 스위스치즈의 속과 비슷하다. 어떤 날은 계획표가 할 일로 가득 채워져 있고, 또 어떤 날은 긴장을 풀고 쇼핑을 하거나 유모차를 끌 수 있는 어유가 있으며, 그 후에 다시 빽빽한 작업 시간이 이어진다. 그 사이사이 운동을 하거나 사우나를 갈 수도 있으며 자정 직전에 현재 진행하고 있는 프로젝트에 대한 몇 가지 아이디어를 입력하기 위해 책상에 다시 앉기도 한다.

또한 자유업에 종사하는 사람들은 아침 5시에 일을 시작할 수도 있고 12시가 되어서 시작할 수도 있다. 물론 자신의 가게를 소유하고 있는 자영업자에게는 이런 자유로운 선택이 허용되지 않는다. 왜냐하면 가게란 일정한 개점 시간을 지켜야 하며 특히 보조 직원이나 고정 직원이 없는 경우에는 더욱 그렇다.

자유업인의 연간 계획은 하루 일과가 그렇듯이 거창한 계획 없이도 오히려 그때그때의 기분에 따라 조정하여 일하는 기간과 휴가 기간을 정할 수 있다. 이처럼 자유업인들의 시간적인 융통성은 반복적으로 순환되는 삶에서 벗어날 수 있다는 데 있다. 휴가 기간이 아닌 때에 휴가를 갈 수 있고(아이들이 없는 경우라면), 대낮에 쇼핑을 갈 수 있으며, 출퇴근 시간을 피해 약속 시간을 잡을 수 있다.

심지어 많은 프리랜서들이 일과 여가의 분리를 거부하기도 한다. 그래서 그들은 돈을 받는 일과 돈을 받지 않는 여러 가지 일을 함께 진행한다. 그들은 결국 '풍요로운 시간'을 지니고 있다고 할 수 있다. 사회학자들의 시각에서 보면 이런 부유함은 무엇보다도 생활용품과 실용품을 부유함의 기준으로 중시했던 과거의 산업사회와 비교해 볼 때 점점 더 그 의미가 커지고 있다고 한다.

여기에 비해 일반적인 직장인들의 하루는 대단히 단조롭다. 8시 혹은 9시에 출근해서 휴식시간을 제외하고 5시에서 8시 사이에 끝나는 긴 근무 시간. 일 년 동안 가끔 며칠의 휴무일과 몇 주간의 휴가가 있을 뿐이다. 일과 여가가 이런 방식으로 엄격히 분리되어 있기 때문에 직장인들은 자신도 모르게 휴가만을 간절히 기다리게 된다. 자신이 하는 일이 아무리 멋진 일이라고 해도 말이다.

　결론적으로 말하자면, 융통성에 있어서 중요한 점은 자기 결정에 따른 것이어야 한다는 점이다. 이런 면에서 자유업인이 가진 가능성이 훨씬 더 크다고 할 수 있다.

2

일하는 즐거움과 일에 대한 두려움

일, 즐거움과 중독 사이
시간 관리 — 호황기와 불황기를 어떻게 관리할 것인가
자기 관리 — 휴식 속에 힘이 있다

일, 즐거움과 중독 사이

일이 즐거워야 한다는 점은 프리랜서와 독립기업가에게 가장 중요한 원칙이다. 자신이 가장 잘할 수 있는 일을 하는 사람에게는 동기 부여를 위한 트릭이나 자기 훈련의 방법들이 전혀 필요하지 않다. 일 자체가 가장 큰 기쁨이며 그 대가로 돈을 받는 것은 덤으로 얹어지는 보너스와 같다. 이런 즐거움이 진정으로 살아나기 위해서는 일이 자유로워야 한다. 곧 고정된 시간 규칙으로부터 자유로워야 하고, 타인에 의한 기준으로부터 자유로워야 한다. 왜냐하면 우리는 어떤 조직이나 단체를 위해서는 자신의 인생을 위해서만큼 의욕적이고 열정적일 수는 없기 때문이다.

만약 당신이 이런 이야기를 잘 이해하지 못한다면 프리랜서나 독립기업가로서 살아가려는 시도를 하기 전에 더 신중하게 고민해 보아야 한다. 물론 일이란 것이 언제나 기쁨만을 주는 것은 아니다. 흔히 시간적인 압박, 지키지 않는 지불 약속, 계획의 어긋남 등으로 인해 그 즐거움이 흐려질 수도 있다. 또한 자유업도 시장의 요구에 응해야만 한다. 그렇지 않으면 당신의 일은 돈벌이가 안 되는 추상적인 예술에 불과해진다. 물론 이런 생각에 반대하는 아주 소수의 예술가들이 있기는 하다. 그들은 자신의 창의성은 오로지 적응의 압력이 없는 곳에서만 발휘될 수 있다고 믿는다. 그러나 이런 생각은 각자의 재능에 따라 엄청난 성공을 거두든지 아니면 오랫동안 소위 '예술' 적인 일과 더불어 택시를 몰거나 웨이터로 일을 해야 하는 치사하거나 궁핍한 타협으로 이어지게 된다.

흔히 일에 대한 의욕과 열정이 얼마나 대단한지는 '계약과 상관없는 일' 에서 잘 드러난다. 결코 돈벌이가 안 되는 일이지만 좋은 경험이 될 수 있는 일을 통해 우리는 시장의 요구와는 별개로 전문적 기술, 예술, 치료와 상담 등의 분야에서 자기만의 장점을 발전시킬 수 있고 자신을 세상에 알릴 수 있다. 그리고 이런 노력은 자신을 시장에 내놓기 위해 대단히 중요한 일이기도 하다.

광고사진 작가로 일하고 있는 38세의 루츠는 기회가 되는 대로 권위 있는 전문잡지에 실릴 예술사진을 찍기도 한다. 이 일이 돈벌이가 되지는 못하지만 그는 이런 예술적인 환경 속에서 후에 상업적인 작업에서 활용될 수 있고 직업적인 성공에 도움이 될 좋은 아이디어들을 실험해 볼 수 있다. 이런 작업은 그에게 큰 즐거움을 준다. 그리고 아주 부수적으로 그가 이런 '예술 분야'의 일을 함으로써 그는 예술가라는 존경스러운 신분을 보장받는다.

고정적인 직장에서는 대개 일에 대한 의욕이 최상으로 발전하기가 어렵다. 다음의 두 사례들이 보여주듯이 때로는 고정적인 직장에서 겪는 문제가 자유업을 선택하는 동기가 되기도 한다.

35세의 아네테는 법학을 공부했고 졸업 후 넘치는 의욕을 가지고 꽤 명성 있는 대형 법률사무소에서 월급쟁이 변호사로 일을 시작했다. 그러나 여기서 그녀는 좋지 않은 경험을 해야만 했다. 예를 들면 그녀가 전적으로 위임받은 사건임에도 불구하고 상사들은 그녀 몰래 위탁자들에게 전혀 다른 권유를 하거나 동료들은 각자의 일에 대해 알려주는 것을 좋아하지 않아서 다양한 판례들을 배울 수도 없었다. 더구나 가장 참을 수 없었던 일은 아네테가 적극 만류했던 사건을 맡았다가 법률사무소가 패소했을 때였다. 그들은 그녀의 현명한 예견에 대해서 칭찬을 해주기는커녕 오히려 재판 결과가 좋지 않은 것을 그녀 탓으로 돌렸다. 그녀는 육체적, 정신적으로 피해를 입게 되었고, 그녀의 병이 직장환경 때문이라는 노동청의 판결이 나오자 미련 없이 사표를 냈다. 그녀는 실업수당을 받는 동안 작은 사건들을 맡아 일하기 시작했고, 친구의 도움으로 그의 집에 있는 공간을 활용해서 사무실을 차렸다. 그녀는 노동법을 전문적으로 다루었고 곧 충분히 많은 고객들을 유치하게 되어 독립적인 법률 사무소를 꾸려갈 수 있게 되었다.

일을 하면서 언제 가장 많은 보람을 느끼는가 하는 질문에 그녀는 이렇게 대답했다. "그건 제가 일을 잘해서 고마움을 느낀 누군가가 지나가는 길에 꽃다발을 전해주고 갈 때입니다." 그런 것들이 돈보다도 중요하다고 했다. 물론 그녀는 돈을 받아야 하지만, 그것이 그녀를 진정으로 만족시키는 것은 아니라는 말이다. 독립과 더불어 감당해야 되는 많은 책임들과 두려움에도 불구하고 그녀는 이런 결정을 결코 후회하지 않고 있다. "사실 저는 가장 심각한 위기에 처해 있을 때 이제부터는 오로지 더 나아지는 일만이 남아 있다는 것을 알고 있었어요."

회계학을 전공한 49세의 마리아는 20년 넘게 여러 출판사와 사회기관에서 일했다. 47세에 마침내 그녀는 자기만의 회계사무소를 차려 독립하였다. 그녀는 자신이 독립하게 된 동기를 이렇게 표현했다. "예전의 상사들은 한마디로 저와 맞지 않았어요. 시간이 흐를수록 제가 더 보잘것없는 존재가 되어야만 했죠. 언제나 그들에게 맞추어야 했으니까요. 그러다가 어느 날 이제 더 이상은 견딜 수 없을 것 같다는 생각이 들었죠. 죽느냐 사느냐 기로에 서 있었던 것 같아요." 물론 그녀도 처음에는 많은 두려움을 이겨내야만 했다. 내가 할 수 있을까? 내게 그럴 능력이 있을까? 그녀는 사업 계획을 세우고 신용대출을 얻은 후에야 할 수 있다는 확신이 생겼다. 벌써 그녀의 회사는 창립한 지 2년을 넘기고 있고 수입도 가파르게 증가하고 있다. 이제 그녀는 내년 전반기에는 과거의 직장에서 벌던 액수를 뛰어넘게 될 것으로 예측하고 있다.

또한 나는 프리랜서와 독립기업가라는 주제에 대해 조사하는 과정에서 과거에는 정부로부터 생활보조금을 받는 생활을 하다가 어느 날 갑자기 불확실한 미래로 뛰어든 한 여성을 만나게 되었다.

36세의 루트는 아들을 낳은 후 처음 3년간 생활보조금으로 살아가야만 했다. 그녀는 대학에서 미술을 전공했지만 중도에 포기하고 말았다. 36번째 생일이 얼마 지나지 않은 어느 날 그녀는 이제부터 스스로의 힘으로 살아가겠다고 결심했다. 사실 그녀는 비싼 임대료를 어떻게 계속해서 감당할지 대책도 세우지 않은 채 더 큰 아파트로 막 이사를 한 상태였다. "마치 내 앞을 가로막고 있던 연기가 사라진 것 같은 느낌이었어요. 저는 더 이상 정부 보조에 의존하지 않고 스스로의 힘으로 서야겠다는 생각을 했어요." 그녀는 예전에 친구와 함께 유리회화가로서 공동 작업을 한 적이 있었다. 유리회화는 비싼 벽이나 지붕 장식을 위한 대단히 고급스러운 회화 기법이다. 루트는 이 일을 매우 좋아했다. 그런데 우연히도 이런 기법이 갑자기 유행하게 되자 두 사람은 여기저기서 많은 일거리를 얻게 되었다.

하지만 이와 동시에 그녀는 부업으로 일했던 건강식품점으로부터 해고를 당했다. 그러나 그녀는 걱정만 하고 있는 대신에 친구에게 전화를 걸었다. 그 친구는 거의 명예직으로 한 교회의 사회기관에서 대표직을 맡고 있었다. 친구는 그녀에게 사무보조원직을 제공했고 수개월에 걸쳐 자신은 조금씩 업무에서 손을 떼면서 마침내 자신의 업무를 완전히 루트에게 인수했다. 그리하여 그녀는 프리랜서 유리회화가라는 직업 외에 적지만 규칙적인 수입을 얻게 되었고 그 비싼 집은 아직도 유지되고 있다.

일하는 즐거움이란 우리가 일을 통해 조금이라도 자기실현에 가까이 가고 있다는 느낌을 가질 때 생기는 것이다. 물론 자기실현의 길이 반드시 상승의 길로 이어지는 것은 아니다. 때로 그것은 작지만 현실적이고 스스로 결정한 꿈을 위해서 비현실적인 꿈을 포기해야 한다는 것을 의미하기도 한다. 즐겁게 할 수 있는 일에는 예기치 않은 행운이 따를 수 있다. 물론 행운을 마냥 기다리는 것은 터무니없는 일이지만 뜻이 있는 곳에 반드시 길이 있다는 점을 잊지 말라.

44세의 모하메드는 무국적자로서 망명자 수용소에서 성장한 팔레스타인 사람이다. 때문에 그는 대단히 제한적인 체류허가를 받고 있다. 대학에서 건축학을 공부한 건축가로서 뛰어난 능력을 가지고 있음에도 불구하고 자신과 가족을 위해 생활보조금을 받고 있는 실정이다. 그는 노동청을 통한 취업 시도가 몇 번이나 실패한 후에는 일자리 찾는 일을 포기하였고 스스로 자신의 길을 찾아나서게 되었다. 그는 지하실을 구해서 그곳을 작업실과 중고 목재 재료를 다루는 가게로 만들었다. 그곳은 좁지만 궁핍한 시기에 그에게 유일하게 성공의 가능성을 제공하는 시장이었다. 노동청에서 받는 보조금의 기간이 만료되자 그는 사업 계획을 세워 지원금을 신청하였고 신청은 받아들여졌다. 그는 비록 큰 돈을 버는 것은 아니지만 자신의 미래를 위해 의미 있는 일을 하기 시작했다는 점이 무엇보다 기뻤다.

그런데 유감스럽게도 경우에 따라서는 일하는 즐거움이 일과 동화되는 상태를 초월할 수도 있다. 이 말은 일에 대한 즐거움이 어느 순간 일 중독으로 변질될 수도 있다는 뜻이다. 특히 이런 현상은 성공한 프리랜서와 독립기업가들에게서 눈에 띄게 나타난다. 그들은 무엇보다도 직업적인 성취를 통해 인정을 받고 부를 얻지만 그 대신 인간관계를 등한시하기 쉽다.

특히 프리랜서와 독립기업가들의 일 중독 현상은 직장 내에서 사회적인 컨트롤을 받는 고용직과는 달리 쉽게 눈에 띄지 않을 수도 있다. 육체적으로, 정신적으로 거의 한계에 이를 지경이 되더라도 말이다. 겉으로는 기아와 단식에 큰 차이가 없듯이 외형적으로 일을 즐기는 것인지 일에 중독된 것인지는 구별하기가 어렵다. 그러나 그 동기는 근본적으로 전혀 다르다. 일 중독인 사람은 자신을 위해 무엇을 해야 할지 알지 못하기 때문에 일에 몰두한다.

그와 반대로 일에 대해 즐거움을 느끼는 사람은 긴장을 푸는 일에서도 즐거움을 느낄 수 있다. 비록 일이 그에게 충족감과 만족감을 주기 때문에 늘 일을 염두에 두고 있지만 다른 한편으로 그는 긴장을 풀 줄도 알고 인생의 다른 부분도 즐길 수 있는 사람이다. 일 중독자에게 일은 도피처이지만 즐겁게 일하는 사람에게 일은 삶의 활력과 기쁨의 표현이다.

시간 관리
─호황기와 불황기를
어떻게 관리할 것인가

"정말 누군가 마법을 걸기라도 한 것 같아요. 어떤 때는 전화가 끊임없이 울려대고 사람들이 서로 일을 해결해 달라고 아우성을 치다가 어떤 때는 무덤처럼 조용한 시간이 계속되죠. 그래서 저는 규칙적으로 지불해야 하는 아파트 임대료를 어떻게 감당할 수 있을지 모르겠어요."

그래픽 디자이너로 일하고 있는 32세의 니나는 인터뷰에서 이렇게 말했다. 그녀가 겪고 있는 이런 상황들은 대부분의 프리랜서들에게 매우 익숙하다. 불규칙적인 계약 건수가 가장 큰 문제인 것이다.

갑자기 여러 건이 겹치거나 급한 계약들이 몰리는 시기와 쥐 죽은 듯이 조용하고 일이 없는 시기를 각기 어떻게 대처해야 할지 고민한다. 그러나 분명한 것은 성공적인 시간 관리란 당신이 시간의 지배를 당하는 것이 아니라 당신이 일과 시간을 지배하고 바르게 분배하는 것이란 점이다.

직장에서의 시간 관리란 대개 일상 속에 얼마나 많은 습관적 활동과 계획을 끼워넣을 수 있는가 하는 개인적인 기술의 문제를 뜻한다. 그러나 프리랜서인 당신은 시간적인 제약을 덜 받기 때문에 자신의 기호에 따라 습관을 원하는 대로 만들거나 바꿀 수 있다. 그래서 어떤 프리랜서들은 다른 사람들이 모두 잠에 빠져 있거나 휴식을 취할 때, 예를 들면 주말에 일하기를 좋아한다.

또다른 사람들은 프리랜서이지만 가능하면 일반적인 리듬에 맞추려고 노력한다. 그러나 어떤 경우라도 최상의 결과를 위해서는 모든 계획에 융통성이 요구되게 마련이다. 경우에 따라서는 두 가지 방식을 함께 활용할 수도 있다. 또한 생각지 않았던 일이 갑자기 생길 수도 있다. 그런 상황이 되면 빨리 적응해야 한다.

규모가 큰 과제의 경우에는 일의 부담에 짓눌리지 않기 위해서 일을 작은 부분들로 나누어놓는 것이 좋다. 우선 당신이 해야 하는 일은 단계별 목표에 차례로 도달하는 것이고 그러다 보면 막연한 걱정은 생기지 않을 것이다. 오래된 격언도 이렇게 말하고 있다. "스스로 시간을 내는 것이 시간을 가질 수 있는 유일한 방법이다."

그리고 처리되지 않은 일들은 대부분 불확실한 때로 미루어진 일들이다. 그러므로 리스트를 만드는 것이 가장 좋은 방법이다. 생각나는 대로 해야 할 일을 리스트에 적고 그것을 몇 개의 그룹으로 분류한다. 오늘은 무슨 일을 더 처리해야 하며 어떤 날짜에 무엇을 해야 하는지, 그리고 그저 언젠가 하면 되는 일은 무엇인지를 분류해 놓는 것이다. 이때 제일 마지막 그룹에서는 당신이 포기할 수 있는 것은 없는지에 대해서도 잘 생각해 보아야만 한다. 그런 일들은 당신의 리스트에서 완전히 삭제해 버려도 좋다.

어떤 일의 중요성에 대해 당신이 아직 확신이 서지 않을 때는 찬성과 반대의 입장에서 논지를 적어보라. 그 일을 함으로써 당신에게 어떤 점이 유용하며, 그 일을 하지 않았을 때 어떤 피해가 올 것인가? 어떤 측면에서 당신에게 압력이 올 수 있는가?

소위 아이젠하워 법칙(미국 대통령의 이름에서 유래)에서는 중요한 것과 덜 중요한 것, 급한 일과 덜 급한 일이 구별된다. 이 방식으로 모든 과제들이 각기 분명한 중요도를 소유하게 된다. 'ABC 법칙'이라고도 불리는 아이젠하워 법칙은 다음과 같이 활용한다.

1. 처리해야 할 모든 과제나 일을 리스트로 만든다. 순서는 상관없다. 시간 간격
   (날짜별, 주별, 연도별)을 선택해서 앞으로 생길 과제들도 리스트에 첨가한다.
2. 모든 과제를 중요성과 우선 순위를 나타내는 철자로 표시한다.
   A = 중요하고 급한 일
   B = 중요하지만 덜 급한 일
   C = 급하지만 그다지 중요하지 않은 일

D = 중요하지도 않고 급하지도 않은 일

3. D라고 표시된 과제는 삭제의 의미로 줄을 그어놓는다.
4. 다른 과제들은 ABC의 순서대로 일을 처리한다. 처리한 후에는 두꺼운 펜으로 줄을 그어 지운다.
5. 만약 지워지지 않은 항목들이 있다면 남아 있는 과제들을 위해서 더 많은 시간을 계획해야만 한다.

만약 당신이 정확히 시간을 지키거나 제시간에 일을 마무리하는 데 근본적인 문제가 있다면, 그래서 때때로 당신의 고객들을 화나게 한다면 마음을 가다듬고 한번 이렇게 자문해 보라.

나는 무엇 때문에 시간을 정확하게 지키지 못하는가? 혹시 지금까지는 내가 늘 다른 사람을 기다려야 했지만 이제는 드디어 누군가 나를 기다린다는 시시한 승리감을 누려보기 위해서는 아닌가? 하지만 당신이 날짜를 맞추지 못함으로써 얻는 불신과 그 결과를 생각한다면 당신의 행동에는 바로 변화가 오게 될 것이다.

고객이 줄을 서 있을 때

만약 당신이 몰려드는 계약으로 정신을 차릴 수 없을 만큼 행복한 경우가 생긴다면, 이때 명심해야 하는 첫번째는 마음을 진정하는 것이다. 이런 경우 당신의 반응은 두 가지 방향으로 과장될 수 있다.

한 가지는 당신이 한 번에 합의가 되지 않는 모든 계약 문의들을 그 자리에서 거칠게 거절하는 것이다. 다른 한 가지는 당신이 감당할 수 있는 것보다 훨씬 더 많은 계약을 맺고 책임을 지려고 욕심을 부리는 것이다. 그러나 이 두 가지 모두 바람직하지 않다.

새로운 제안이 들어올 때는 시간을 두고 결정을 하는 것이 좋다. 예를 들어 당신이 받아들일 수 없는 계약이 어쩌면 그 분야에 능통한 다른 동료에게 적합할 수도 있지 않은가? 아니면 특정한 조건이 갖추어진다면 당신이 그 계약을 받아들일 수도 있지 않은가? 어떤 경우에도 고객을 실망시키지 말아야 한다는 강박관념 때문에 너무 성급하게 승낙을 해서는 안 된다는 점을 잊지 말라.

기본적으로 다음의 표어를 잊지 말라. 당신을 찾는 사람들이 많아질수록 점점 더 당신을 찾는 사람들이 많아진다. 왜냐하면 고객들은 당신이 그들에게 끌려가고 있는지, 혹은 그들이 당신에게 끌려가고 있는지를 정확하게 감지하기 때문이다. 이때 좋은 방법은 쓸데없는 칭찬을 늘어놓기보다는 확실한 나의 요구 사항을 가지고 계약에 임하는 것이다.

또한 당신은 언제나 업무 시간을 100%까지 계획들로 채우지 말고 항상 갑자기 발생되는 일을 위해 여유분을 남겨놓아야 한다. 그러므로 당신은 새로운 계약을 체결할 때 필요하다고 계산한 것보다 최소한 두 배 정도의 시간을 제안해야 한다. 고객들이 원하는 것이 바뀌거나 생각지 못했던 어려움 때문에 일이 지연될 수 있으며 혹은 동시에 진행해야 하는 예측하지 못했던 계약이 체결될 수도 있기 때문이다.

전화기가 침묵할 때

전화기는 침묵하고 우편함에는 필요없는 광고물만이 가득하다. 이미 체결된 계약들은 모두 마무리되었다. 단지 문제는 새로운 계약이 체결되지 않는다는 것이다. 프리랜서와 독립기업가들은 늘 반복적으로 이런 상황과 부딪히게 된다. 이때 필요한 조언은 당혹해 하거나 두려움을 느끼지 말라는 것이다. 원인을 찾아야 한다. 그리고 그 원인을 제거해야 한다. 이런 상황을 비자발적으로 주어진 강제적인 휴가로 해석하는 것은 대단히 위험한 일이다. 그렇게 되면 자기 의심과 무기력 현상이 나타날 수 있고 상황이 더욱 악화될 수 있기 때문이다.

성공한 사람들이 더 많은 성공을 끌어당기는 긍정적인 마력은 부정적인 상황에서도 똑같이 적용된다. 만약 당신이 이럴 때 자신의 능력에 대한 신뢰를 포기한다면 잠재적인 고객들을 놓치는 결과를 가져오게 될 것이다.

언제나 그렇듯이 이런 정보는 외부로 흘러나가게 마련이다. 그렇게 되면 아무도 당신의 광고에 반응을 하지 않을 것이고 당신이 맡기로 되어 있었고 이미 구두 수락을 받았던 일들도 다른 사람의 차지가 될 수 있으며 예정되었던 계약들도 취소될 수 있다.

그러나 다른 한편으로 불황의 시기는 당신에게 중요한 메시지를 전달한다고 생각할 수도 있다. 당신의 내면세계로 들어가서 자신의 사고방식에 대해 생각해 보고 자신을 세상에 내보이는 수단과 방법을 바꿀 수 있는 기회가 될 수 있다. 예를 들어서 외부용 프레젠테이션 작업이나 특별히 마음이 끌리는 테마에 대한 무료 제품 등을 통해서 당신의 제안을 개선할 수도 있다. 혹은 당신의 시간을 마케팅 업무를 개선하기 위해 사용하거나 그동안 등한시했던 개인적, 사업적 인간 관계들을 점검하는 일에 투자할 수도 있다.

이때 당신이 주의할 점은 조급하게 계약을 찾아다니거나 구차한 부탁을 하는 것은 피해야 한다는 것이다(제발 저에게 일을 맡겨 주세요. 제 상황이 지금 무척 힘들거든요). 그것보다는 차라리 일시적으로 새로운 도전에 대해 생각해 보는 것이 훨씬 낫다. 설사 이런 상황이 더 극적으로 느껴지고 두려움과 긴장감이 고조된다고 해도 말이다.

어쩌면 과거 당신의 고객들이 느꼈던 불만이 이런 상황의 원인일 수도 있다. 만약 그렇다면 당신은 동료들에게 충고를 구하거나 직접 상황을 알아보아야 한다. 또한 당신이 지금 처해 있는 힘든 상황은 자신의 일에 대한 내적인 반항의 표현일지도 모른다.

이런 경우라면 당신은 아마도 친구의 도움과 함께 이런 거부감을 인정하고 상응하는 조치를 취해야만 할 것이다. 예를 들

어 업무의 중점을 새롭게 선택할 수도 있을 것이고 스스로의
생각만으로 부족하다면 전문가의 상담을 받거나 워크숍 등의
방법도 택할 수 있을 것이다.

자기 관리
─ 휴식 속에 힘이 있다

긴 안목으로 볼 때 당신의 사업은 오직 당신이 체력을 관리하고 몸을 혹사시키지 않을 때에만 성공할 수 있다. 결국 당신은 노후를 위한 준비가 되어 있어야 하는데 그것은 단지 경제적인 측면만을 일컫는 것이 아니다. 그러므로 지속적으로 자신의 여력이 넘도록 생활하거나 자신과 자신의 육체에게 어떤 회복의 시간도 주지 않고 과중한 부담을 주는 것은 마치 갚을 일은 생각하지도 않고 마음껏 계좌에서 돈을 꺼내 쓰는 사람들만큼이나 책임감 없는 행동이다.

스트레스가 심한 시기에도 체력 유지를 위한 노력은 계속되어야 한다. 요가든, 체조든, 배드민턴이든 혹은 다른 어떤 운동이든 30세부터는 규칙적으로 운동을 시작해야만 한다. 긴장을 하는 것과 푸는 것은 한 가지 일에 속한다. 만약 긴장을 푸는 단계가 빠진다면 일의 능률은 처음에는 눈에 띄지 않게, 그 다음에는 점점 더 급격하게 감소할 것이다. 그 외에도 일의 결과를 억지로 끌어내는 데 치우치게 되고 그러다 보면 역효과가 생기게 마련이다. 일을 많이 하면 할수록 얻는 결과는 더 적어지는 것이다. 이런 악순환에서 벗어나기 위해서는 옛날 목수들의 지혜를 기억하는 것이 도움이 된다. "휴식 속에 힘이 있다." 그러므로 당신의 힘이 다한 후에 휴식을 갖기보다는 차라리 그전에 긴장을 풀고 나서 일을 하는 편이 훨씬 효율적이다. 긴장을 푸는 것도 능력의 일부분이라고 생각하라.

긴장을 푸는 데 특별한 트레이닝이 필요한 것은 아니다. 왜냐하면 긴장을 푼다는 것은 당신이 일 이외에 어떤 일이든지 하고 싶은 일을 한다는 의미이기 때문이다. 내가 알고 있는 한 연극감독은 자주 친구들이 있는 스페인에서 휴가를 보낸다. 이 친구들은 관광객에게 임대를 하기 위해 계속해서 새 집을 사들이는 사업을 하고 있다. 그래서 나의 친구인 연극감독은 그곳에서 하루 종일 나사를 조이고 수도관을 연결하면서 보낸다고 한다. 이런 작업이 그에게는 즐거운 일이며 긴장을 푸는 시간이 되는 것이다.

또한 사회기관과 기업의 감사를 맡고 있는 빌프리트는 규칙적으로 회의시간 전에 욕조에 들어간다. 그렇게 함으로써 그는 힘겨운 공동작업을 위한 힘을 얻는다. 회의가 끝난 뒤에는 조깅을 하거나 다시 욕조에 들어간다. 물론 여름에는 상황에 따라서 수영장에 가기도 한다. 45세의 프리랜서 작가인 구이도는 저녁마다 빼먹지 않고 체조 프로그램에 참가한다. 그 덕분에 그는 하루 종일 모니터 앞에 앉아 있어도 스트레스를 느끼지 않고 등의 통증도 느끼지 않는다.

건강을 지키기 위한 운동은 보상으로 주어지는 것이 아니며 일을 위해서도 꼭 필요한 것이다. 또한 당신은 운동을 하면서 부분적으로 개인적인 네트워크를 형성할 수도 있다. 곧 각자의 고객들에게 서로를 추천해 주거나 서비스를 교환함으로써 말이다.

비평가들이 흔히 독립기업가들에 대해 하는 말이 있다. 그들은 아직 열정적이고 육체적으로 건강한 젊은 시절에는 독립적인 직업이라는 매력적인 선택을 한 것처럼 보이지만, 나중에 자유업으로 인해 스트레스를 받다 보면 체력적으로 무책임한 상태에 이르게 된다고 한다. 그렇다. 누구든 자기 사업을 오래 해온 사람이라면 스트레스를 피할 수 있는 자기만의 창의적인 방법을 찾아낸 사람일 것이다. 그런 방법이 없는 독립기업가라면 자신의 분야에서 돈을 잘 버는 부류에 속하고 대우가 좋은 소수의 계약이나 업무만을 받아들이면 되는 정도까지 성공을 했거나 아니면 스트레스가 적은 일상을 위해 적은 수입과 적은 욕심으로 마음 편하게 지내는 사람일 것이다.

3

독립의 기반 구축하기

재정 관리 — 예측하고, 점검하고, 체크하라
사무 체계화 — 반짝이는 아이디어를 위해
계약 — 계약서의 작은 글자들을 주목하라
가격 협상 — 천천히 그러나 확실하게 높여라
청구서와 독촉장 — 타이밍이 중요하다

당신은 프리랜서와 독립기업가로서 단 한 명의 직원, 바로 당신 자신이 고용된 기업의 사장이다. 그러므로 당신은 자기 자신을 하나의 기업처럼 이끄는 법을 배워야 한다. 일상적인 사무실 업무부터 시작해서 외부 연출과 상품 화보집까지 말이다. 당신은 독립기업의 사장으로서 부당해고의 방지를 위한 규칙을 지킬 필요도 없고 성장이나 퇴보에 대해 질책을 듣지도 않는다. 성공에 방해가 되는 것은 무엇이든 무기한적으로 해고할 수 있고(그것도 한푼의 돈도 들이지 않고 말이다), 성공에 도움이 되는 것은 당장이라도 적극 활용할 수 있다.

흔히 자유업 종사자에게는 사업적인 사고가 익숙하지 않지만 자신의 가게를 소유하고 있는 자영업자들은 이 부분에서 어려움을 덜 겪는다. 전형적인 자유업 종사자들은 흔히 일이 닥쳐야 가까스로 해결해 나가는 타입의 사람이다. 곧 그들은 뒤죽박죽인 업무 상태를 감수할 수 있을 정도로 크게 성공을 했거

나 아니면 세무서로부터 강제 압류 통고를 받고서야 비로소 사
업적인 문제들을 해결하는 그런 사람들이다. 일반적인 기업들
과는 반대로 프리랜서나 독립기업가는 매출이 상승하지 않아
도 책임 추궁을 받지는 않는다. 기본적으로 잘 운영되는 자유
업이라고 해도 매출은 불안정할 수 있다. 이들의 경우는 일반
적으로 업무용 잡비의 대부분을 매출에 의존하기 때문이다. 그
러므로 개인이나 가족의 생계가 보장되는 한 당신은 특정한 계
약을 거부하거나 일정 기간 동안 짧은 시간만 일을 하는 사치
를 누릴 수도 있다.

많은 사람들이 자유업의 매력이라고 여기는 점이 바로 그 어
디에도 얽매이지 않는다는 것이다. 다시 말하면 자유업 종사자
들은 진부한 일상이나 직장의 위계질서로부터도 자유로우며
직원들을 채용하고 대규모의 투자 때문에 끊임없이 바쁘게 뛰
어야 하는 '진짜' 기업들의 무거운 책임과도 상관이 없다.

42세의 사이몬은 두 군데의 건축사무소에서 프리랜서로 일하
고 있다. 그는 두 사무소와의 오랜 관계와 특정 분야의 전문화
덕분에 많은 일을 맡을 수 있었고 비교적 많은 돈을 벌었다. 그
리하여 그가 받는 총액수는 건축사무소의 소장이 모든 사회적
비용을 포함해서 정규 직원에게 지불하는 정도의 액수에 이르
게 되었다. 그는 1년 동안 8개월 이상은 일하지 않으며, 모든
공공요금과 세금을 자신이 지불하기 때문에 나름대로 삶을 계

획할 수 있는 여지가 많다. 그는 이미 노후를 위해 예비 자금을 마련해 놓았다. 물론 많지 않은 돈이지만 이제 시작일 뿐이다. 이러한 '임시직'을 통해 사이먼은 독립성을 느낄 수 있고 시간적 자유를 즐기고 있다. 최근에 그는 개인 고객의 집을 수리하는 첫번째 독립적인 프로젝트를 맡게 되었지만 '진정으로' 완전히 독립하기를 원하지 않는다. 여러 가지 행정적인 문제와 고객 관리 등의 문제 때문에 자신이 '수작업적인' 일과 멀어질 것이 두렵기 때문이다. "물론 이렇게 지내기 위해서는 규모가 매우 크거나 흥미로운 건축 프로젝트는 맡을 수 없다는 대가를 치러야 하겠죠"라고 그는 말했다. 그리고 그는 충분히 그런 대가를 감수할 준비가 되어 있었다.

그러나 당신은 이런 모든 자유에도 불구하고 프리랜서 혹은 독립기업가로서 자기 사업의 기업적이고 조직적인 측면을 등한시해서는 안 된다. 자유롭고 독립적인 직업들이 가진 다양성에도 불구하고 — 건축 기술자에서부터 댄스 교사까지, 매점 운영자부터 공인회계사까지 — 실무적, 경영학적 그리고 업무 조직적인 측면에서 당신이 알아두어야 할 것은 매우 많다.

재정 관리
— 예측하고, 점검하고, 체크하라

36세의 클라우스는 소프트웨어 프로그래머로 일하고 있다. 그런데 그가 재정 업무와 관련해서 하는 일이라고는 사업과 관련된 서류들을 모두 커다란 상자 하나에 모아놓고 1년에 딱 한 번 전용 세무사에게 전해주는 것뿐이었다. 그러다가 그의 사업 규모가 세금 공제의 제한선을 넘어서게 되자 똑같은 방식을 유지하되 단지 분기별이라는 기한만이 바뀌었다. 그러나 그는 너무 비싼 세무사 비용에 화가 났다. 그래서 광고를 통해 월급을 받고 자신의 서류들을 분리해 주고 정리해 주는 경리를 고용했다. 이와 함께 전문적인 지식이 필요한 경우를 위해서는 시간당 수당을 지불하는 방식으로 세무사에게 일을 맡겼다. 그 외에는 그가 직접 무료 세금 상담창구를 이용해서 세금 문제를 해결하고 있다. 그리고 그가 경리로부터 이메일을 통해 분기별로 받는 계좌별 장부를 통해서 현재 자신의 재정 상태를 언제든지 파악할 수 있게 되었다.

그러나 모든 자유업인들이 클라우스처럼 융통성 있게 일을 처리하는 것은 아니다. 많은 사람들이 자신이 고용한 경리가 자기를 속일지도 모른다는 불신으로 고민하거나 같은 이유에서 재정 업무의 혼란이 심각한 상태에 이를 때까지 방치해 두는 경우가 많다.

재정 상태를 올바로 파악하기 위해서는 당신이 자신의 회계 담당 전문가가 되어야 한다. 기본적으로 당신은 두 종류의 비용과 연관되어 있다. 매출에 의존하는 것과 매출에 의존하지 않는 소위 고정 비용이다. 예를 들어서 전화요금 같은 경우는 두 가지 요소를 다 지니고 있다. 당신은 프리랜서와 독립기업가로서 매출 내지는 수입을 확실하게 예측할 수 없다는 문제점이 있기 때문에 기업적인 측면에서 이런 표어를 기억해야 한다. "가능한 한 고정 비용을 최소화하라. 특히 안정적이지 않은 매출에 대한 의존도가 높을수록 더욱 그렇다."

재정 관리에는 여러 분야가 포함된다.

• 먼저 미래를 위한 재정 계획이 필요하다. 어느 정도의 수입을 예측할 수 있는지, 기본적으로 나가는 지출 비용을 감당하기 위해서는 최소한 어느 정도의 수입이 필요한지를 파악해야 한다. 실제로 프리랜서와 독립기업가의 계약 체결은 지속적으로 이어지는 것이 아니기 때문에 월별 계획보다는 연간 계획을 세우는 것이 보다 큰 의미가 있다. 예를 들어서 당신은 정기적으로 체결된 계약들을 점검해 보고 앞으로 몇 개월 동안 당신의 수입이 보장될 수 있는지 알아볼 수 있다. 또한 당신은 생계를 유지하기 위해서 계약 건수가 어느 정도

되어야 하는지 정확히 알고 있어야 하며 그에 상응하는 매출 목표를 세워야
한다. 만약 이 목표가 실현될 가능성이 없다고 여겨진다면 비용을 줄이는 것
밖에는 다른 방법이 없다.

- 비용 절감을 위한 전제조건은 최소한 다음의 문제들을 생각하면서 세부적인
계획을 세우는 것이다. 일반적으로 들어가는 사업 비용(임대료, 보험료, 전화
와 인터넷 사용료, 사무실 내지는 장비 유지비 등)이 계약 실적에 얼마나 많
이 의존하고 있는가? 나의 개인적인 재정적 욕구는 얼마나 높은가? 앞으로
어느 정도의 투자유치를 기대할 수 있는가?

- 올바른 재정 관리를 위한 다음 단계는 현재 진행되고 있는 계약과 관련하여
회계적인 점검을 하는 일이다. 내가 계획했던 시간 안에 일을 마무리할 수 있
는가? 내가 목표했던 시간당 수당으로 일을 해낼 수 있는가? 만약 그렇지 못
하다면 실제로 책정되어야 하는 시간당 수당은 얼마나 되는가? 내 입장에서
이 계약과 관련하여 어떤 비용들이 들어가는가? 만약 계약된 업무의 일부분
을 개인적인 네트워크를 맺고 있는 동료에게 맡겨야 한다면 나에게는 얼마의
이윤이 남는가?

- 이러한 재정 관리는 정기적으로 계획을 세움으로써 과거의 문제를 극복하고
실수를 분석하는 데도 도움을 준다. 나는 매출 목표에 도달했는가? 고객 유
치를 위해 시도했던 홍보 방법이나 물건의 구입이 시간이 흐르면서 가치가 있
는 것으로 나타났는가? 매출 증가로 얻은 수익이 지나치게 늘어난 고정 비용
때문에 다시 소비되지는 않았는가?

　　재정 관리에는 지불 능력의 계획도 포함된다. 왜냐하면 프리
랜서와 독립기업가는 흔히 자기 사업의 매출을 과대평가하거
나 비용을 과장하는 실수를 범하기 때문이다. 갑작스런 '가뭄
의 시기'를 겪지 않기 위해서는 앞을 내다보는 지불 능력의 계

획이 대단히 중요하다. 물론 1년 이상의 기간에 대한 매출액은 단지 부분적으로만 예측이 가능하지만 일반적인 지출 비용은 예상할 수 있다. 한계이익(marginal profit)의 계산이 각각의 계약과 생산품에 대해 경제적 실패를 피하는 데 도움이 되는 것처럼, 지불 능력의 측정은 기업의 안정성을 높이는 데 중요한 역할을 한다. 곧 지불 능력의 계획은 재정적인 문제점을 예상할 수 있게 해주고 기본적으로 사업을 유지하기 위해서 최소한 어느 정도의 수입이 필요한지를 알려준다. 이 최소한의 수입이 사업 초기에는 매출에 좌우될 뿐 아니라 전혀 없을 수도 있다.

지금 큰 규모로 발전한 기업들도 과거에는 대부분 소자본의 작은 기업으로 시작했으며 초기에는 자본과 인력의 투자 덕분에 생존할 수 있었다. 그렇다면 당신의 자유롭고 독립적인 사업들도 예외는 아닐 것이다. 만약 당신이 정기적인 지불 능력의 계산을 통해서 매출이 지속적으로 증가하고 있다는 것을 확인하게 된다면 당신은 이미 많은 것을 이루어낸 셈이다.

그러나 당신이 지불 능력을 계산할 때 청구서 발행의 시점과 실제적인 지불 이행의 시점이 자주 몇 주씩 연기되는 경우가 드러나면 무조건 주의를 기울여야 한다.

한편 당신이 심하게 불안정한 매출을 기록하고 있거나 장기적인 프로젝트 때문에 그에 상응하는 지불 상태를 겪고 있다면 몇 개월의 적자는 생길 수 있지만 연간 계산이 들어맞는 한 걱정할 필요는 없다. 그리고 수입이란 실제로 계약이 체결되었거나 체결될 것이 거의 확실할 액수들만이 고려되어야 한다. 물론 실제로 매상이 더 높거나 낮을 수도 있겠지만 지불 능력의 계획은 오로지 사업적인 미래와 관련하여 현재 당신이 알고 있는 사실에 따라 정해지는 것이다.

그리고 이런 계획은 당신이 적극적인 계약 유치나 이에 상응하는 신용대출을 통해 적시에 모면할 수 있는 경제적인 위기를 경고해 준다. 만약 당신이 기업 창설을 자산으로 감당했다면 지불 능력의 계획을 세울 때 신용대출을 비롯한 출자금을 기입해 놓는 것이 좋다. 그러면 당신은 이 사업이 당신의 생계에 얼마나 많이 기여했는지를 확인할 수 있을 것이다.

효과적인 재정 관리를 위한 힌트

- 당신은 월별 고정 비용에 대해 현실적인 사고를 해야 한다. 이런 비용에는 임대료와 보험료처럼 액수가 큰 종목뿐 아니라 인터넷 사용료, 전화비, 협회의 회비 등 모두 합하면 큰 부담이 될 수 있는 여러 개의 작은 항목들도 해당된다.

- 당신에게 기본적으로 필요한 매출액의 수준(곧 당신이 기본적으로 지출되는 비용을 감당하고 당신의 최소한 생계를 보장하기 위해 올려야 하는 매출)을 파악하라.

- 정기적으로(최소한 1년에 두 번) 사업상 들어가는 고정 비용이 당신의 매출에서 차지하는 비율이 얼마나 높은지를 점검해 보라. 이런 방법으로 당신은 (시간당으로 계산해서) 자신이 얼마나 많은 돈을 받고 있는지, 그리고 얼마나 잘 대우받고 있는지를 파악할 수 있다.

- 한 가지 계약을 마무리할 때에는 당신의 시간적인 소비량을 점검해 보라.

- 연간 매출 목표를 세우고 목표를 달성했는지 점검하라.

- 만약 목표를 이루지 못했다면 그 원인을 분석하라.

- 당신의 경리 업무를 그때그때 처리하라(3개월 이상 미처리 상태로 방치하지 말라).

- 병가를 내야 할 경우를 위해 최소한 3개월 정도 버틸 수 있는 여유 자금을 만들거나 보험을 들어라.

- 지속적으로 미회수금 청구건을 관리하고 정기적으로 경고를 보내라.

사무 체계화
—반짝이는 아이디어를 위해

35세의 위르겐은 그래픽 디자이너이자 웹 디자이너로 일하고
있다. 그런데 그의 책상 위를 보면 언제나 지불하지 않은 계산
서들과 세금 청구서들이 날짜 지난 신문들과 초콜릿 포장지와
함께 뒤섞여 잔뜩 어지럽혀져 있다. 그리고 그의 은행 계좌에
는 돈이 몇 푼 남아 있지 않다. 그의 주요 고객인 한 건축사무
소가 잔금 처리를 미루고 있는데 어떤 경고도 하지 않았기 때
문이다. 갑자기 전화기가 울린다. 친구인 칼은 자신의 개인 신
용을 담보로 비싼 컴퓨터를 구입한 위르겐이 왜 석 달 전부터
할부금을 내지 않고 있는지 의아해 했다. 결국 그는 하루의 기
분을 망치고 말았다. 새 고객이 부탁한 광고 팸플릿을 위한 반
짝이는 아이디어는 다음날 아침에야 기분이 좋아지면 떠오를
것이다.

많은 프리랜서와 독립기업가에게서 위르겐과 비슷한 경우를 찾아볼 수 있다. 물론 그들은 자신의 일을 좋아하지만 이 일과 관련된 온갖 종류의 서류와 잡무를 해결하는 데 있어서는 마치 의욕 없는 고용인처럼 행동한다.

정리된 책상은 고객에게 좋은 인상을 줄 뿐 아니라(고객이 그를 직접 만나러 올 경우), 당신 자신에게도 업무 처리를 위해 꼭 필요한 안정감과 차분함을 제공해 준다. 당신의 사업이 계속 발전하기 위해서는 기본적으로 정리가 잘된 사무실이 필요하다. 이때 정돈된 상태의 기준은 반드시 타인의 시각에 따를 필요는 없고 자신의 관점대로 정하면 된다. 당신이 우왕좌왕하며 중요한 서류를 몇 시간 동안 찾아야만 하는 상황이 벌어지면 이제 더 이상 미루지 말고 정리를 시작해야 할 시기가 된 것이다.

주소 관리

주소 관리를 위해서는 철자별, 항목별로 분류된 명함 정리함이나 손이 쉽게 닿는 곳에 놓을 수 있는 고정된 주소록이 추천할 만하다(들고 다닐 수 있는 주소록은 단지 요약본에 해당하므로 잃어버린다고 해도 심각한 상황이 벌어지지는 않는다).

만약 당신이 우편물을 자주 보내는 편이라면 주소 관리용 소프트웨어를 마련하는 것도 고려해 보라. 그러한 소프트웨어를 이용하면 개인별, 그룹별로 미리 저장해 놓은 문서 형식으로 편지를 쓸 수 있을 뿐 아니라 고객과의 구두 협정 내용을 쉽게 기록으로 남기고 마케팅 업무도 편리하게 할 수 있다. 또한 당신은 모든 중요한 고객 자료들을 서류 형식이나 플로피디스크로 안전하게 복사하여 보관하는 것이 좋다. 분명히 하드디스크에 문제가 생기는 일이 발생할 것이기 때문이다.

청구서 관리

첫째, 당신이 청구서를 컴퓨터로 작성한다면 앞으로 필요할 추가적인 청구서 파일을 만들어놓아라. 세금 서류들을 위해서도 마찬가지다.

둘째, 매일 당신의 우편함과 이메일 박스를 열어보고 필요한 경우 즉시 반응을 보여라.

휴지통 관리

휴지통은 중요한 정리 도구이다. 당신이 보관하고 있는 모든 서류들 중에서 혹시 원래는 휴지통에 속하는 것은 없는지 잘 생각해 보라. 이때 당신이 더 이상 찾지 않는 서류는 버려진 것과 같다는 점을 기억하라. 최소한 1년에 한 번은 전체적으로 서류 정리를 하여 버릴 서류들을 분류해야 한다.

그러나 한편으로 버리는 것을 너무 즐기지는 말라. 경리 업무와 관련된 서류들은 10년 정도는 보관해 두어야 한다. 세무서가 필요에 따라 서류를 요청할 수도 있기 때문이다. 이때 해가 지난 서류들은 특별히 분류하여 보관하는 것이 좋다.

사무 체계화를 위한 힌트

- 당신은 박스형의 파일이나 서류 보관함 등을 이용해서 보관 체계를 세워야 한다. 그래야만 모든 업무 관련 서류들을 즉시 찾을 수 있다.
- 서류 보관 체계는 최소한 다음의 항목들을 포함하고 있어야 한다. 청구서(당신이 발행한 것), 사무실 관련 자료(임대료, 장비), 통신비, 의료비, 세금, 채무(외부의 청구서), 보험, 고객과의 계약, 광고(복사물이나 로고 등).
- 필요에 따라서 당신은 보다 세분화된 항목을 만들 수 있다. 그러나 표제어를 정할 때 지나치게 상세하거나 광범위하지 않도록 주의한다.
- 아직 마무리가 되지 않은 일들은(지불되지 않은 청구서, 답장하지 않은 질문서) 특별히 눈에 잘 띄도록 책상 위에 정리해 둔다.

만약 당신이 한 고객과 어떤 이유에서든 전화상으로 합의를 하게 되어 그 내용을 바로 계약서에 표기할 수 없는 경우에는 상업적인 확인서가 도움이 된다. 꼭 상업에 종사하는 사람들만 이런 확인서를 쓰는 것은 아니다. 중요한 것은 수령자다. 공식적·법적 기관, 단체, 혹은 모든 법적 형식의 회사 내지는 그들의 위임을 받은 대변자들이 상업인으로 간주될 수 있다. 만약 확인서가 정해진 기간 안에 거부되지 않는다면 문제가 생길 경우 계약 내용의 일부로서 법적인 효력을 가진다. 확인서는 특별한 형식 없이 쓸 수 있으며 단지 여기에 보내는 사람, 받는 사람, 날짜, 서명 등과 같은 기본적인 사항과 더불어 계약의 내용과 구두로 합의된 보수 등이 간단히 표기되어 있어야 한다.

일반적으로 회사나 개인과 계약을 하게 되면 운송과 작업, 주문 처리 방식, 그리고 작업비 등이 언급된 계약서를 작성한다. 만약 사업적인 관계가 장기간 지속되거나 정기적인 계약 체결이 이루어지는 경우에는 소위 총괄적 기본 계약이 체결될 수 있으며 각각의 개별적 계약들은 이 계약과 연결된다.

그런데 자유업 종사자인 당신에게는 이런 관례와 상관없이 스스로 계약을 진행할 수 있는 자유가 허용된다. 비록 당신이 규모가 큰 회사나 단체에서는 이런 방식으로 큰 호응을 얻지 못할지도 모르지만 계약 방식으로 일을 하는 것은 엄청난 장점이 있다. 예를 들어서 당신은 여러 번 계약 방식으로 일을 해봄으로써 자신에게 유리하지 않은 계약 조건이 무엇인지를 파악할 수 있다. 그 다음부터는 계약서에 서명을 하기 전에 새롭게 협상을 시도할 수 있다.

그런데 많은 자유업 종사자들이 계약서를 오래 붙들고 있지 않으려는 실수를 범한다. 그들은 단지 계약을 체결하게 된 것이 기쁘기 때문이다. 그러다가 자신이 서명한 계약서가 어떤 내용을 의무사항으로 정하고 있는지를 알고 나서야 비로소 당황해 한다. 때문에 당신은 부당하게 여겨지는 계약서의 조항들에 대해서는 계약 파트너에게 해명을 요구하는 데 결코 소극적이어서는 안 된다.

그러나 문제가 생기는 경우 흔히 계약서는 당신에게 그다지 도움이 되지 않는다. 당신이 그것을 법적으로 이용하려고 한다면 말이다. 왜냐하면 당신이 대형 조직을 상대로 재판을 하게 될 때는 아마도 발생하게 될 상호간의 소송 비용과 변호사 비용 때문에 재판의 위험성이 흔히 그 가치와 관계없이 커지게 마련이다. 당신이 예를 들어 어떤 직장 조합의 조합원으로서 법적 보호를 보장받지 않고 있다면 말이다. 법적 보호가 보장된다는 것이 얼마나 중요한 것인지는 피해 상황에서 분명히 드러난다. 법적인 위험성은 흔히 계약서의 작은 글자들 속에 숨어 있으며, 이는 '순수한' 예술적 작업의 경우도 예외는 아니다.

51세의 요나탄은 소설가로 활동하고 있다. 그의 처음 두 작품은 중간 정도로 판매되었다. 그리고 역사소설인 그의 세 번째 작품은 비평가와 독자들로부터 좋은 평가를 받으며 성공을 거두었다. 그런데 책에 등장하는 인물 중에서 아직 생존하고 있는 한 사람이 극중 대사가 자신을 모욕하는 것이라며 출판사를 고소하였다. 작가와 출판사도 이의를 제기하여 결국 재판을 했으나 패소하고 말았다. 그리하여 요나탄은 출판사가 자신의 작품을 통해 번 수입에 대해 거의 아무것도 받지 못하게 되었다. 왜냐하면 출판사는 아직 팔리지 않은 책들을 회수해야 하고 소송 비용과 인쇄 비용을 충당해야 했기 때문에 지불을 중지했던 것이다.

상황에 따라서 당신이 서명한 계약서에 상응하는 조항이 표기되어 있다면 보상의 의무에 따라 손해배상 청구가 당신에게

올 수도 있다. 이때 당신은 자신에게 부과된 의무가 오로지 당신이 실제로 했던 일과 관련된 것인지, 혹시 계약의 전체 내용과 연관되어 있는 제3자가 한 일과 연관된 것은 아닌지에 주의를 기울여야 한다.

일반적으로 계약과 관련하여 다음의 사항들이 적용된다. 대개 규모가 더 큰 쪽이 계약서를 작성한다. 만약 당신의 계약 파트너가 개인이라면 계약 체결의 여부는 개인적인 기술의 문제가 될 수도 있다. 어떤 고객들은 계약서 작성을 전문성의 표현으로 좋게 평가하기도 하지만 또 어떤 고객들은 계약서 쓰는 일을 구두 합의에 대한 신뢰가 부족한 것으로 여겨 매정하다고 느낄지도 모른다. 그러나 지속적인 고객 관계를 유지하기 위해서는 처음부터 확실하게 계약에 임해야 하며 계약 내용을 꼼꼼하게 체크해 보는 것이 훨씬 현명한 일임을 잊지 말라. 또 어떤 경우에든 당신이 미래의 고객을 화나게 할 때 어떤 결과가 생길지까지도 염두에 두어야 한다. 모든 갈등은 가능한 한 협상의 방식으로 해결하고 감정적이기보다는 객관적으로 대처하라.

가격 협상
―천천히 그러나 확실하게 높여라

가격 협상의 문제는 대단히 미묘하고 까다로운 주제다! 기본적으로 대부분의 자유로운 직업은 다음과 같은 공통점을 가지고 있다. 우선 고정된 가격이란 없다는 사실이다. 그리고 그 가격이란 단지 질적인 문제에만 국한되는 것이 아니라 고객의 지불 능력에 따라서도 크게 좌우된다. 이런 경향은 가격 체계가 세워져 있는 비교적 정착된 자유업종의 경우도 마찬가지다. 예를 들면 비용이 소송물의 가치 평가에 따라 정해지는 변호사들의 경우처럼 말이다.

가격의 차이는 개인적인 이미지가 가격에 포함될수록 더 현저하게 나타난다. 그래서 예술가들의 개인적인 시장 가치는 그들이 받는 가격에 따라 정해진다. 그럼에도 불구하고 많은 자유업종에서 높든 낮든 고정된 가격대가 형성되어 있다. 우선 당신은 초보자로서 '일반적인' 가격과 그 아래의 범위 안에서 가격을 정해야 한다.

자유업인이 알아야 할 기본 규칙은 '천천히, 그러나 확실하게 가격을 높이는 것'이다. 만약 몇몇 고객들이 당신의 가격이 너무 비싸다고 여긴다면 당신은 제대로 가격 조정을 하고 있는 것이다(단 너무 턱없이 비싸지 않는 한은 말이다). 결국 가격이란 당신과 당신의 고객이 자신의 일에 대해 매기는 가치 평가의 한 형식이며 지불 이행을 통해서 직접적으로 나타난다.

가격 인상은 매우 다양한 방법으로 가능하다. 먼저 명목상으로 가격을 인상할 수 있다. 새로운 고객부터는 인상된 시간 수당을 요구하거나 총액을 정할 때 인상된 시간 수당을 기반으로 함으로써 말이다. 그러나 기존의 고객들에게 가격을 높이는 일은 되도록 피해야 한다. 왜냐하면 흔히 그렇게 해서 문제가 발생하기 때문이다. 그럼에도 불구하고 당신이 기존 고객들에게 가격 인상을 시도하고 싶다면 실험용 풍선을 먼저 띄워볼 수는 있다. 예를 들면 새로운 고객들은 그 사이 동일한 작업에 대해 훨씬 더 많은 액수를 지불하고 있음을 거슬리지 않게 증명하는 것이다. 그런 다음 일단 상대방의 반응을 주시하고 그 결과에 따라 당신의 다음 행동을 정하는 것이다.

또다른 가격 인상의 가능성은 간접적인 방법으로서 컨설턴트나 강사로 일하는 사람들의 경우에 동일한 가격에 대한 시간 단위를 축소하는 것이다. 예를 들어 당신은 계산 단위를 한 시간으로 하다가 어느 정도 기간이 지나면 단위를 45분이나 30

분으로 줄일 수 있을 것이다.

　클라우스가 문서작성 일로 돈을 벌기 시작했을 때 받았던 보수는 시간당 18유로였다. 그는 한 상담 프로그램에서 더 이상 택시 운전사로 살아가고 싶지 않아서 이 일을 시작했다고 고백했다. 이 정도의 보수도 예전과 비교해서는 자랑스러운 수입이었다. 세미나가 끝난 후 한 참가자가 그에게 다가왔다. 그리고 자신이 지금 급하게 심리학 학위 논문을 작성해야 하는데 도와줄 사람을 찾고 있다고 말했다. 클라우스는 개인적으로 심리치료사 교육을 받기로 마음먹은 터여서 이 학술적인 도전은 그에게 아주 적합한 일거리였다. 그 참가자는 클라우스의 도움으로 학위를 마칠 수 있었다. 그후 클라우스는 자신감이 생겼고 학술적인 문서 작업에 대해서는 25유로를 요구할 정도가 되었다. 그리고 2년 후에는 시간당 수당을 40유로로 인상하였다. 그런 다음 그는 대규모 기업 합병을 위해 문서작성 코치로서 개발부에서 연구를 도와달라는 제안을 받았다. 그는 이 제안을 받아들였고 이때부터 부가가치세를 포함해서 시간당 50유로의 보수를 요구할 수 있었다.

　물론 이런 게임이 끝없이 계속될 수는 없다. 언젠가는 모든 부문에서 통상적인 틀을 표시하는 한계가 생길 것이다. 단지 중요한 것은 한 가지 동일한 일에 대해 차별적인 보수가 존재할 수 있다는 사실을 명백하게 의식하는 것이다. 그런 차이는 수백에서 수천 퍼센트까지 벌어질 수 있다. 그래서 예를 들면 연설자의 유명세와 명성에 따라 연설의 보수가 달라지는 것이다. 그런데 이처럼 천차만별의 각기 다른 보수를 가능하게 하는 평가는 강제적으로 만들어지는 것이 아니다. 더구나 당사자 스스로가 자신의 가치에 대해 확신이 없다면 어떠한 요구도 무의미하다.

크리스티안은 연기 교육을 마친 후에 여러 곳의 극단에 신청서를 냈다. 그리고 한 극단에서 관심을 보이자 그는 막상 자신이 어느 정도의 보수를 요구해야 할지 고민스러웠다. 한편으로는 그가 일당 400유로를 요구하면 상대가 자신을 실력 있고 유능한 사람으로 여기지 않을 것 같았다. 그리고 다른 한편으로는 더 많은 액수를 요구하기에는 자신감이 부족하여 마음이 편치 않았다. 그러나 결국 그는 자신의 의심과 주저함을 극복하고 일당 750유로를 요구했다. 결과적으로 그는 이 일자리를 얻게 되었다. 왜냐하면 고용주들은 대개 요구하는 보수의 수준을 자질의 증거라고 생각하기 때문이다.

세련된 가격 협상

흔히 이런 의문을 갖는다. 도대체 어느 시점에 '돈'이라는 주제에 대해 언급을 해야 하는가? 당신은 어떤 경우에도 고객이 당신의 제안에 관심이 있다는 것을 확신하기 전에는 먼저 보수에 대한 이야기를 꺼내서는 안 된다. 만약 당신이 상담직에 종사하고 있다면 언제까지가 무료의 사전 상담이었으며 언제부터 유료의 진짜 상담이 시작되는지 고객에게 분명한 신호를 주어야 한다.

만약 고객이 될 가능성이 있는 사람이 스스로 가격에 대해 물어보지 않는다면 당신이 대화 방향을 그 쪽으로 이끌어야 한다. 아마도 이렇게 친절하게 말이다. "고객께서는 분명히 그 모든 것의 비용이 어느 정도인지 관심이 있으실 겁니다."

고객에 따라 다양한 가격

중요한 것은 가격이란 당신에게나 고객에게나 적절해야 한다는 점이다. 그러므로 당신은 가격을 제시하기 전에 그 고객이 당신에게 얼마나 중요하며 그가 어느 정도의 가격을 받아들일 것인지에 대해 알고 있어야만 한다. 또한 아무리 계약 건수가 적다고 해도 당신이 한번 받았던 가격에서 그 이하로 내려서는 안 된다. 그렇게 하는 것은 당신의 자의식이 부족하다는 것을 나타내는 행동일 뿐이며(내가 내 자신의 가치를 고객에 의해 좌우되도록 만드는 것이다)시장의 가격 파괴에 일조하는 일이 되기 때문이다.

그러나 당신이 스스로에게(문제가 생길 경우 고객에게) 근거를 제시할 수 있는 한 고객에 따라 다양한 가격을 받는 것은 아무 문제가 없다. 예를 들어 당신이 기업 컨설턴트로서 개인 고객과도 일을 하고 동시에 명성 있는 대형 산업체를 위해서도 일을 하고 있다면, 두 고객에게 각기 다른 수당을 요구할 수도 있다는 얘기이다. 오히려 당신이 소규모 고객에게 요구했던 똑같은 수당을 대형 기업에 요구한다면(혹은 그 반대의 경우에도) 당신의 계약 건수가 급격하게 줄어드는 결과가 생길 것이다. 한편 일부 프리랜서들은 '문의시 가격 인하'를 제안하기도 한다. 그러나 당신이 만약 그런 제도를 도입할 생각이 있다면 그전에 '줄어든 수입'을 어떻게 보충할 것인지를 충분히 생각해 보아야 한다. 그리고 이에 상응하는 문의에 대답을 할 때도 고객의 수입에 대해 의식적으로 물어보는 것이 좋다.

한편 당신은 시간당 계산, 일괄적 계산 등 여러 가지 형식의 계산 방식을 제공해야 한다. 아니면 적어도 그렇게 하는 것이 당신과 시장을 위해 기본적으로 의미가 있을지 알아보아야 한다. 만약 당신이 고객들이 원하는 바를 정확하게 알지 못하고, 그 때문에 시간 소비량을 예측할 수 없는 경우라면 시간당 계산 방식이 추천할 만하다.

이와 달리 고객의 요구가 계약서에 자세하게 표기되어 있다면 당신은 대략적인 시간 소비량을 예상할 수 있다. 그러나 이때 당신은 너무 성급하게 제한선을 긋지 않기 위해서 예상되는 최고와 최저 가격 사이에 50에서 100퍼센트의 여유를 두어야 한다. 이렇게 해서 당신이 고객에게 시세에 맞는 시간당 수당을 제시했다면 이렇게 되물어볼 수도 있을 것이다. "그런데 구체적으로 어떤 작업에 대해 말씀하시는 건가요?" 이러한 첫번째 상담 후에 비로소 계약이 성립될 수 있을지 혹은 비용이 미리 확정될지가 결정된다. 당신이 아무리 계약 건수가 적어서 고민을 하고 있다고 하더라도 고객에게 무조건 계약을 받아들일 것이라는 인상을 주어서는 안 된다. 그렇게 하는 것은 당신의 가치를 스스로 깎아내리는, 대단히 부정적인 영향을 끼치는 행동이기 때문이다. 그러나 당신은 고객으로 하여금 기본적으로 당신이 이 계약의 내용 내지는 방식에 관심이 있다는 사실을 충분히 알 수 있게 해주어야 한다.

가장 바람직한 경우는 고객이 자신의 원하는 바를 설명하고 당신이 대략의 비용을 이야기한 후에 서로 생각할 시간을 갖거나 최종적인 결정을 위해 특정한 날짜를 잡는 데 합의하는 것이다.

가격 할인

상담을 하는 직업이나 건강 증진(예를 들면 스포츠 마사지)과 관련된 직업에서는 실제로 등급이 매겨진 가격 체계가 유지될 수 있으며 고객이 예약을 하는 경우 확실한 할인으로 보상을 해주기도 한다(예를 들어 5시간 혹은 10시간 전에 예약을 했거나 사전에 지불을 했을 경우). 일반적으로 정해진 시간 수당보다 더 높게 책정하고 싶은 프리랜서들은 자신들이 고객에게 더 유리한 가격으로 다양성을 제공한다는 것으로 더 높은 시간당 수당을 합리화시킬 수 있다.

그리고 할인등급을 만들 때는 몇 가지 주의해야 할 점이 있다. 당신이 5시간을 한 묶음으로 할인된 가격을 제공하는 것과 5시간을 예약한 고객에게 보너스로 1시간을 더 제공하는 것에는 분명한 차이가 있기 때문이다. 일반적으로 두 번째 방법이 당신에게 더 유리하다는 것을 알아두기 바란다.

고정 가격

때때로 고객들은 고정 가격을 요구하기도 한다. 그러나 당신이 고정 가격에 합의할 때에는 계약 내용을 충분히 파악하고 있고 작업이 마무리되는 데 대략 얼마의 시간이 걸릴지 알고 있을 때 가능하다. 하지만 고정 가격에 따라 일하는 것이 당신에게 부담스럽고 동료들에게 문의를 해도 긍정적인 대답을 얻지 못한다면 다시 생각해 보아야 한다. 이런 경우에는 계약을 여러 부분으로 나누어서(일의 성격상 가능하다면) 우선 처음의 한 부분에 대해서만 고정 가격을 적용하는 것이 가장 좋은 방법이다.

당신은 먼저 인간적으로 서로를 잘 알아야 하고 상호간의 위험성을 없애는 것이 바람직하다는 논지로 고객을 설득할 수 있을 것이다. 만약 고정 가격이 합의되었다면 그 내용을 가능한 한 상세하게 서식으로 남겨야 하며 여기에는 어떤 작업과 상품이 고정된 가격으로 지불될지가 표기되어야 한다.

그러나 당신은 처음부터 고객의 변경 요구에 따라 고정 가격이 올라갈 수 있다는 점을 분명히 밝혀두어야 한다. 간혹 어떤 고객들은 작업 내용을 서면으로는 그저 대략적으로만 규정해 놓고 작업 범위가 적다고 말하면서 나중에는 계약서의 내용에 포함시킬 수 있는 모든 부가적 업무들을 요구하는 전략을 사용하기도 한다.

한편 당신이 스스로 고정된 가격을 요구할 때는 충분한 시간을 가지고 차분히 가격을 계산해야 한다. 그런 후라면 당신은 너그럽게 낮은 가격에 합의를 할 수도 있을 것이고 예상치 못한 문제가 생기더라도 화를 낼 필요가 없을 것이다. 당신은 또한 가격 제안을 할 때 20%가 초과되는 선택사항을 함께 제안할 수도 있다. 그럼으로써 당신은 고객에게 기본 비용은 어느 정도 감당할 만하다는 인상을 줄 수 있고, 자신을 위해서는 또 다른 가능성을 만들 수 있다.

고정 가격을 현실적으로 계산하기 위해서는 당신이 전반적인 비용에 대해 자체적으로 전망을 할 수 있어야 한다. 당신이 고정 비용과 계약에 따라 좌우되는 유동적 비용을 제하고 나서 몇 퍼센트가 당신의 수입으로 돌아올 수 있는지를 판단할 수 있다면 그 계약이 얼마나 유리한 것인지를 평가할 수 있다. 집에서 일하는 프리랜서의 경우에는 일반적으로 특정한 개별적 계약을 하거나 소수의 개별 고객을 상대하기 때문에 대단히 간략한 계산이 가능하다. 이런 경우라면 가격 계산에서 모든 비용을 제하고 얼마가 남는지를 분명하고 명확하게 알고 있으면 된다. 그것이 바로 한계이익(marginal profit)이다.

한계이익의 계산

한계이익을 계산함으로써 당신은 그 계약이 얼마나 수익성이 있고 유리한지를 빠르게 파악할 수 있다. 한계이익은 프로젝트나 계약에 직접적으로 연관되는 모든 비용과 관련이 있다. 예를 들어서 재료비, 인건비, 작업 비용 등이 있는데 이 액수를 총수입에서 제하면 소위 한계이익이 산출된다. 결국 한계이익이란 한 계약이나 프로젝트가 일반적인 비용, 곧 특정한 프로젝트와 상관없이 들어가는 비용(임대료, 사무비용, 자동차, 보험)에 대해 얼마나 도움이 되었는지를 나타낸다.

그런데 초보자의 경우에는 흔히 계약 체결의 시점에서 비용을 예측하기가 힘들다는 문제가 생긴다. 그것은 부분적으로는 일의 성격(각각의 계약이 각기 다른 도전을 요구한다) 때문이기도 하지만 부분적으로는 경험 부족 때문이기도 하다. 그러므로 어떤 경우에도 한계이익을 계산함으로써의 계약을 결산하는 작업이 필요하다. 그래야만 앞으로 정확한 예산 측정을 할 수 있다.

한계이익 계산의 사례

총 매출액	100만 원
재료비	15만 원

통신비(전화, 우편, 인터넷)	5만 원
교통비(기름값, 기차, 대중교통수단)	3만 원
외주 비용	20만 원
한계이익 =	57만 원

한 프로젝트나 계약의 이윤을 알아보기 위해서는 한계이익으로부터 간접적으로만 연관되는 비용, 곧 일반적인 사무, 광고, 인력, 세무 상담, 저작권, 보험과 그 외 당신의 기업에서 계약과 상관없이 부담해야 하는 비용을 비율로 계산해서 추가적으로 제해야 한다. 비율 계산은 시간이나 수입을 기준으로 할 수 있는데, 나는 보다 간단하다는 편의성 때문에 수입에 따른 계산 방식을 추천하고 싶다.

일반적인 고정 비용의 비율을 알아보기 위해서 당신은 현재 예측할 수 있는 연간 수입(혹은 안정적인 사업 성장의 경우에는 지난해의 연간 수입)을 가지고 올해의 고정 비용을 그 수입과 비교해야 한다. 만약 고정 비용이 수입의 35%를 차지한다고 가정해 보자. 이 경우 이윤 계산은 다음과 같다.

한계이익	57만 원
고정 비용의 비율(매출액의 35%)	35만 원
이윤	22만 원

그러나 이러한 계산 후에 한계이익이 너무 적거나 전혀 없는 것으로 나타난다고 해서 자동적으로 계약 거부를 생각할 필요는 없다. 왜냐하면 그런 결과가 다른 이유 때문일 수도 있기 때문이다. 단지 당신은 자신이 정한 가격이 마이너스의 한계이익이 나오게 하는 일은 피해야만 한다. 당신은 그 누구에게도, 물론 당신의 고객에게도 그런 가격으로 호의를 베풀어서는 안된다. 왜냐하면 이런 경험으로 당신의 파트너는 소위 공짜로 가능한 일이 있다는 것을 배우게 되기 때문이다. 위에서 소개한 한계이익의 계산은 더 세분화시킬 수 있다. 그러나 하나의 계약이 재정적으로 가치가 있는지를 알아보기 위해서는 가장 간략한 방식이면 충분하다.

적정 가격

가격이란 무엇보다도 고객에게 적정해야 한다. 그러나 동시에 당신에게도 적정해야 한다. 상황에 따라서는 우리가 더 기분 좋게 느낄 수 있다면 낮은 가격을 요구하는 것이 나을 수도 있다. 특히 초보자로서는 어떻게든지 한 건이라도 계약을 체결하는 것이 돈을 더 많이 받는 것보다 중요하기 때문이다.

흔히 인력이 넘치는 기업에서는 '노련한 베테랑' 들이, 초보자들이 시장 가격을 엉망으로 만든다고 불평을 한다. 그러나 사실 그들이 그런 말을 하는 것은 옳지 않다. 왜냐하면 대부분의 초보자들은 어느 정도가 높은 가격이고 어느 정도가 낮은 가격인지 잘 알지 못한다. 또한 실제로 그들은 자주 실수를 해서 고객에게 피해를 입히기도 하기 때문에 낮은 가격이 나름대로 합리적일 수 있다. 그러나 당신이 만약 자의식이 부족해서 낮은 가격을 제시하고 있다는 결론에 스스로 도달한다면 최대한 빨리 자신감을 회복해야만 한다. 자신감이 부족하다는 간접적인 증거는 파트너가 당신을 칭찬할 때 거의 반사적으로 당신만이 알고 있는 잘못이나 부족함을 지적하면서 상대의 좋은 의도를 부정적으로 받아들이는 것이다.

가격 협상에 관한 체크 리스트

- 당신이 받는 보수가 시장에서 어떤 수준인지를 확실히 파악하라.
- 특히 고정 가격의 합의에서는 한계이익을 계산해 보라.
- 의식적으로 일정한 간격을 두고 당신의 가격을 인상하라.
- 당신이 스스로 해낸 훌륭한 작업에 대해 훌륭한 대가를 요구한다면, 다른 사람의 작업에 대해서도 그렇게 지불하라.
- 당신이 정한 가격에 대해 스스로에게 근거를 제시하라.
- 다양한 고객들에게 다양한 가격을 제시하는 것을 주저하지 말라(신중한 태도가 유지되고 근거가 확실하다면 말이다).
- 당신이 스스로 기분 좋게 느끼는 보수를 요구하라.

청구서와 독촉장
―타이밍이 중요하다

청구서 작성은 자유업인들이 그다지 좋아하지 않는 일이다. 그러나 알고 보면 그리 복잡한 일이 아니다. 청구서에는 기본적으로 다음의 사항들이 포함되어야 한다. 보내는 사람과 받는 사람의 주소와 회사명, 처리된 작업의 종류와 범위, 날짜, 그리고 보내는 사람의 계좌번호 등이다.

서명이 없는 청구서는 효력이 없다고 말하는 사람이 있지만 그렇지 않다. 실제로는 서명된 청구서가 오히려 위험할 수도 있다. 혹시 악의적인 사람이 있다면 단지 '감사하게 잘 받았음' 이라는 도장 한 가지만 첨가하면 청구서가 바로 영수증으로 뒤바뀔 수도 있기 때문이다.

적절한 시기에 청구서 발송하기

청구서를 발행하는 일이 적은 자유업인들은 흔히 청구서를 너무 늦게 보내는 실수를 저지른다. 그러나 이런 행동은 고객

에게 '대금 지불에 시간적 여유가 있다' 는 신호를 보내는 것
과 마찬가지다. 만약 당신이 상담직에 종사를 하고 있어서 고
객들이 일반 개인이라면 바로 현금으로 보수를 받는 것이 통상
적이다. 그러나 회사들과 계약을 맺을 때는 일반적으로 선금을
요구해야만 한다.

규모가 큰 프로젝트에서는 건설회사의 경우처럼 '작업 진행'
에 따라 청구서를 발행하는 것이 좋다. 특히 당신이 아직 잘
모르는 새 고객과 비교적 규모가 큰 프로젝트를 시작할 때는
처음부터 이런 방식에 대해 솔직하게 이야기하라. 경우에 따라
서는 이러한 지불 방식이 고객의 입장에서 불가능하게 여겨지
더라도 일단 당신은 최상의 방식을 시도해 보라. 왜냐하면 그
런 태도가 자의식을 나타내는 것이며 자의식이 부족한 사람이
라면 고객을 속여 이익을 남기려는 어리석은 생각을 할 수도
있기 때문이다.

그런데 문제는 회사들이 언제나 프리랜서들을 상대로 지불
거부 행위를 하는 데 자신들의 위력을 악용한다는 점이다. 부
분적으로는 그들의 현금 유통이 원활하지 않거나 예금액의 이
자 계산 때문이기도 하지만 부분적으로는 지불 능력의 어려움
때문이기도 하다. 그러나 어떤 경우에도 당신이 새 고객을 꿰
뚫어보고 신용성의 여부를 알아낼 도리는 별로 없으며 다른 자
료를 이용한다고 해도 최근의 정보를 찾기란 어려울 것이다.
그러므로 당신이 할 수 있는 유일한 방지책은 지불 중지의 위

험에 조금이나마 한계선을 긋기 위해 부분 청구서를 발행하는 것이다. 그렇게 하면 당신의 손에는 일종의 압박 수단이 쥐어지게 되는 것이다. 대금 지불이 안 되면 더 이상의 작업은 하지 않는다는 의미가 전제되어 있기 때문이다.

작업 내용을 최대한 상세하게

청구서를 작성할 때는 처리된 작업을 모두 정확하게 나열해야 한다. 자세하고 세부 항목이 표시된 청구서가 총결산액만을 표시한 청구서보다 훨씬 더 좋은 인상을 줄 수 있다. 청구서가 정확하고 실수가 적을수록 고객이 지불을 연기하거나 거부하기 위한 이의 제기의 가능성이 줄어든다. 전문가들의 청구서는 몇 페이지가 넘을 수도 있고 그럼으로써 이 작업을 위한 노력을 엿볼 수 있다. 만약 시간당 수당으로 계산된 청구서라면 요구되지 않았더라도 계약 이행을 위해 필요했던 노동 시간을 자세히 나열하는 일을 빼먹지 말라. 그렇게 하는 것이 좋은 인상을 주면서도 재문의를 줄일 수 있다.

적절한 시기에 독촉하기

당신이 청구서를 발행했음에도 불구하고 대금이 제날짜에 지불되지 않았다는 것을 확인했다면 즉시 지불 독촉을 해야만 한다. 처음에는 먼저 구두로 독촉을 시도해 볼 수 있다. 가장 좋은 방법은 경리과에 문의해 보는 것이다. 처음에는 상냥하게 문의하는 것이 좋다. 상황에 따라서는 당신의 재정적인 어려움을 언급하면서 말이다. 만약 당신이 전화를 통해 경리과와 인간적인 대화가 이루어졌다면 결재가 갑자기 빨리 진행될 수도 있다.

그러나 만약 사람들이 당신을 피한다거나 구두로 한 약속을 지키지 않을 것이라는 느낌이 들면 고소를 하겠다는 협박부터 앞으로의 업무 거부까지 모든 형식의 방법을 강구하는 데 주저하지 말아야 한다. 그 고객을 잃는 위험을 무릅쓰고라도 말이다. 왜냐하면 지불을 잘 하지 않는 고객들은 착취적인 사업주들이거나 아니면 어느 날 갑자기 지불 중지를 할 잠재적인 파산 예정자들이기 때문이다. 두 가지 경우 모두 당신에게는 해가 될 뿐이다.

가장 어리석은 일은 당신이 너무 힘이 없고 현재 진행하고 있는 다른 계약이나 새로운 일을 위해 필요한 에너지가 많이 소모된다고 해서 아무런 행동도 취하지 않고 지불을 막연히 기다리는 것이다.

4

인적 네트워크 만들기

프리랜서와 독립기업가로 성공하기 위해서는 당신을 지원해 주는 네트워크가 절대적으로 필요하다. 이러한 네트워크는 일반적으로 경력이 쌓이면서 형성되는데, 이 네트워크의 규모가 얼마나 크고 질적으로 얼마나 우수한지 그리고 당신이 혼자라면 좌절했을 어려움을 극복하는 데 얼마나 도움이 되는지는 당신과 당신의 개인적인 선호도에 달려 있다.

인적 네트워크는 사업적인 관계로 한정될 수도 있지만 경우에 따라서는 우정의 단계까지 발전할 수도 있다. 그래서 한편으로 당신은 네트워크를 특정한 사업 목표에 도달하기 위한 수단으로 생각하고 최소한의 시간적, 재정적 투자를 통해 최대한의 이익을 얻는다는 원칙에 따라 행동할 수도 있다. 그러나 다른 한편으로 당신은 네트워크의 구성원들과 가족적인 감정으로 연결될 수도 있고 가까운 친지처럼 지낼 수도 있다. 물론 어느 편이든 장단점이 있다. 기능적인 측면을 위주로 형성된 네트워크는 구성원들이 자주 교체될 수 있는 위험이 있고, 가족적인 관계의 네트워크는 감정에 얽히기 쉽다는 문제점이 있다.

배우로 활동하고 있는 48세의 클라우스는 가구 목공 일을 겸하고 있다. 그가 소속해 있는 협회는 결성된 지 15년이 된 프리랜서 배우들의 모임으로 세 명의 남자들이 주축이 되어 만들어졌다. 이들은 교외에 농장을 하나 가지고 있는데 이곳에서 새로운 작품을 연습하기도 한다. 클라우스는 여기에 작은 목공실도 마련했다. 그는 기회가 될 때마다 개인 고객들을 위해 가구를 제작한다. 농장은 아직 일부분만이 보수되어 있고 아직 300평방의 공간이 사용 가능하다. 클라우스는 20년 후의 미래를 위해 확실한 계획을 세워놓았는데, 이 농장을 자신의 힘으로 모든 회원들을 위한 공동의 집으로 만드는 것이었다. 그는 언젠가 자신의 파트너와 함께 그곳에 들어가 살게 되기를 바라고 있다. 또다른 후원자로는 한 전직 사업가가 있다. 그는 경기가 좋았을 때 자신이 운영하던 신사의류점을 매각하였다. 그리고 10년 전부터 스페인령의 군도인 이비차에 땅을 매입하여 살고 있다. 그는 배우협회가 재정적으로 어려울 때마다 후원을 해주었고 클라우스는 우정의 답례로 그를 위해 일을 해주기도 했다. 이 전직 사업가가 언젠가 독일로 돌아오면 이비차에 있는 집은 모두를 위한 휴가용 별장으로 활용하거나 친구와 지인들의 범위 안에서 임대를 할 예정이다. 또한 몇몇 사람들이 이들의 공동 주택에 대한 프로젝트에 관심을 보이고 있다. 비록 클라우스의 생활이 기본적인 수입이 적기 때문에 생활보호 대상자의 수준 이하에 있어도 조직적으로 성장하고 있는 네트워크로 돈독한 사회적 연대를 맺고 있기 때문에 노후에 심각한 궁핍에 빠질 걱정은 하지 않는다. 왜냐하면 네트워크 안에서는 소박한 생활수준에서도 질 높은 삶을 누릴 수 있는 충분한 원천들이 존재하기 때문이다.

클라우스의 이야기는 가족적인 관계로 발전된 네트워크의 한 사례이다. 이들의 경우 지금까지 예술적인 문제에 대해서는 서로 논쟁이 있었지만, 소유물의 공동 사용과 관련해서는 아무런 문제없이 잘 돌아가고 있다.

회원들의 연륜으로 보아서도 그는 앞으로 심각한 문제가 생길 것이라고는 생각하지 않는다. "우리를 연결시키는 것, 그것은 바로 우리가 일반적인 사람들이 쉽게 사로잡히는 일들을 그다지 심각하게 받아들이지 않는다는 점입니다." 그렇지 않다면 그들은 연극배우가 되지도 않았을 것이다.

미국의 사회학자인 제레미 리프킨이 이 그룹을 보았다면 무척이나 반가워했을 것이다. 그는 『*The Age of Access*』(『소유의 종말』이라는 제목으로 국내에서 출간됨—역주)라는 자신의 저서를 통해 현대 사회에서 탈물질주의적인 사고가 어떻게 퍼져가고 있는지 설명하였다. 여기에는 소유물과의 관계에서 일어나고 있는 변화도 포함되어 있다. 다시 말하면 (서류상으로) 많은 것을 소유한 사람이 반드시 부자라고 느끼거나 풍요롭다고 느끼는 것이 아니라 많은 재산이나 서비스에 대한 연결 통로를 가진 사람이 오히려 그렇게 느낀다는 것이다. 임대 문화나 네트워크 문화도 이런 경향을 증명하는 것이라고 한다.

흔히 인적 네트워크 안에서는 소유의 논리를 넘어서 다음과 같은 문제가 제기된다. "누가, 무엇을 이용하는가?" 그러나 이것은 "모든 것은 모두에게 속한다"는 원시적인 논리와 혼동되어서는 안 된다. 그러므로 인적 네트워크 내에서 소유물의 공동 활용을 다수가 찬성한다고 해도 형식적인 소유 관계는 원래대로 유지된다.

소유물의 공동 활용이란 것이 어떤 의미인지 구체적으로 설명하자면 이런 경우이다. 만약 내 친구가 남부지방에 작은 집을 한 채 가지고 있는데 내가 그곳에 언제라도 갈 수 있다면 내 집을 굳이 사야 할 이유가 어디 있겠는가? 또한 내가 남부지방에 집을 한 채 가지고 있는데, 내 친구들이 그곳을 사용할 수 있고 그들이 적게 혹은 전혀 돈을 내지 않더라도 집을 손봐줄 수 있으며 그들의 다른 소유물을 내가 또 이용할 수 있다면 그 집을 비워놓거나 낯선 사람들에게 빌려줄 이유가 있겠는가?

당신은 언제나 자신이 속해 있는 인적 네트워크의 특성과 이와 더불어 이상적인 네트워크의 모습에 대해 분명한 기준을 지니고 있어야 한다. 예를 들어 소유물의 공동 사용에 대한 당신의 생각은 어떠한가? 그리고 당신이 노후에도 안정적인 인적 네트워크의 일원으로 남고 싶다면 몇 십 년 전부터 뜻이 같은 사람들을 찾아야 할 것이고 그들과 함께 소위 적재력 테스트를 해보아야 할 것이다.

동료와의 지원
―시장 규칙을 존중하라

일반적으로 새로운 직업 세계에 뛰어든 사람에게는 그 분야에서 먼저 활동하고 있는 사람들의 도움이 필요하다. 프리랜서들이 처음 일을 시작할 때도 동료들의 도움을 받는 경우가 자주 있다. 첫번째 계약을 할 때 당신에게 도움을 준 사람은 이미 잠재적인 네트워크의 일원이라고 할 수 있다.

토마스는 대학에서 문학 공부를 채 마치지 못하고 택시 사업을 시작했다. 그러나 그는 자신의 일에 만족감을 느끼지 못했고 높은 수익을 기대할 수도 없었다. 결국 그는 문서작성가라는 새로운 직업 목표를 세우고 열심히 공부했다. 그리고 이런 사실을 친구들에게 이야기했다. 어느 날 작가로 활동하는 한 친구로부터 연락이 왔다. 그는 자신에게 산업체로부터 기술적인 사용안내서 작성에 대한 의뢰가 들어왔는데 토마스에게 그 일을 할 수 있는지 물어왔다. 토마스는 그 일에 관심이 있었고 친구의 중개로 실력을 증명하는 아무런 자료 없이 일을 얻게 되었다. 같은 해에 그는 동일한 고객과 계속해서 계약을 맺고 비교적 많은 액수의 보수를 받게 되었다. 또한 그 덕분에 토마스는 택시회사를 매각하고 자신이 좋아하는 새로운 일에 전념할 수 있게 되었다.

이러한 사례는 겉으로는 비현실적으로 보이는 꿈도 꼭 필요한 사람들이 꼭 필요한 순간에 서로 만난다면 빠르게 현실이 될 수 있다는 사실을 보여주고 있다. 중요한 것은 자신의 계획과 소망에 대해 확신을 갖고 주변 사람들을 가능한 한 많이 지원 작업에 동원하는 것이다.

어떤 분야에서든 이미 정착하여 자리를 잡은 소위 '우두머리'들이 있게 마련이고 처음 일을 시작한 프리랜서와 독립기업가들은 아무래도 이들에게 의존하게 되므로 동료의식과 공평한 행동이 그들의 중요한 덕목이 된다. 왜냐하면 프리랜서와 독립기업가는 대부분 좁은 범위 안에서 활동하게 되는데 나쁜 소문은 언제나 쉽게 퍼지기 때문이다.

바람직한 동료의식 속에는 약속을 잘 지키고 불문율의 시장 규칙을 존중하는 일도 포함된다. 그래서 예를 들어 프리랜서 저널리스트들의 경우에는 한 도시의 여러 매체를 엄격하게 나누어 담당하고 있다.

누구든 새롭게 이 영역에 들어온 사람은 먼저 '우두머리'의 주요 영역이 어디인지 알아보는 것이 현명하다. 동료간의 예의를 지킴으로써 새로운 사업적 관계와 우정이 생겨날 수 있기 때문이다.

대부분의 분야에 같은 일에 종사하는 사람들이 매주 혹은 매달 서로 만나는 범지역적인 직업단체나 지역적인 소규모 모임이 있을 것이다. 이런 모임들을 통해서도 좋은 인간관계를 맺을 수 있고 대단히 중요한 분야별 정보들을 얻을 수 있다.

인적 네트워크 구축을 위한 힌트

- 가능한 한 많이 접촉하라.
- 모든 사람이 당신의 인적 네트워크에 포함될 가능성이 있는 잠재적 예정자들이다.
- 목표의식을 가지고 지원을 부탁하라(예를 들면 사전에 정보를 알아두는 일).
- 어떤 도움도 강요하지 말라. 언제나 당신은 상대가 기꺼이 주는 것만을 받을 것이라는 느낌을 전달하라.
- 만약 당신에게 돈이 별로 없다면 보답으로 당신의 노동력을 제공하라.
- 만약 당신이 타인의 도움으로 큰 발전을 했다면 감사한 마음을 가져라.
- 당신이 협력하고 있는 사람들의 특성을 존중하라.
- 당신과 관련되는 모든 상호작용을 장기적인 안목에서 잘 관찰하라. 당신의 상호작용 방식이나 파트너의 방식이 지속될 수 있겠는가?
- 당신의 인적 네트워크 내에서의 상호작용이 지속적으로 갖추어야 하는 특성에 대해 확실히 파악하라.
- 당신이 네트워크의 파트너들에게 기대하는 인간적인 모습을 당신이 먼저 보여주어라.
- 갈등을 두려워하지 말되 다른 사람들의 약점에 대해 인내심을 가져라.

프리랜서와 독립기업가들 사이에서 이루어지는 대부분의 협력은 극히 일반적인 사업적 측면을 지니고 있다. 곧 그들은 협력을 통해 고객과의 계약과 경험을 교환하거나 서로에게 특정한 서비스를 요구한다. 어떤 일이든 당신이 주의해야 할 것은 양쪽이 모두 만족스러워야 한다는 점이다. 그래야만 서로에게 사회적인 신용이 쌓이기 때문이다. 프리랜서간의 네트워크는 어려운 시기에 당신을 지원할 수 있다. 말하자면 '회사' 대신이라고 할 수 있을 것이다. 몇 명의 동료들과 아주 좋은 관계를 맺고 있는 사람이라면 계약이 너무 많아서 부담스러운 시기에 일을 분담할 수도 있다. 예를 들면 하부계약의 형식이나 원래 계약자의 중개자로서 말이다.

클라우스에게는 개인과 기업들로 이루어진 주요 고객 멤버들이 있다. 그는 고객들의 컴퓨터 시스템을 관리해 주고 있다. 그가 담당하는 업무는 장비 구입 상담, 하드웨어 점검, 소프트웨어 설치, 네트워크 설치, 그리고 기술적인 장애가 발생했을 때 긴급 출동을 하는 것 등이다. 그런데 어느 날 부인이 암에 걸리게 되자 몇 개월 동안 일시적으로 일을 줄이고 간호를 하기로 결정하였다. 그는 친한 동료에게 도움을 요청했다. 친구는 클라우스의 일이 '너무 많아지면' 기꺼이 도와주기로 약속했다. 그러나 예상했던 것처럼 일이 갑자기 몰리는 일은 발생하지 않았다. 하지만 클라우스에게는 누군가를 믿고 의지했던 중요한 경험이었다.

프리랜서 네트워크 협력의 또다른 가능성은 기업과 하부기업의 관계이다. 기업이 하나의 계약을 체결하고 그 계약의 일부를 하부기업에게 위임하는 것이다. 이런 협력은 한편으로는 지루한 반복적 작업을 피하고 다른 한편으로는 하부기업으로부터 이익을 얻기 위한 목적이 있다. 기업은 위임한 작업에 대해서 고객과 계약서에 합의했던 비용의 일부분만을 하부기업에 지불하기 때문이다. 물론 이런 방식의 협력이 가능하기는 하지만 때때로 엉뚱한 방향으로 비용이 들게 되어 목표했던 예산을 넘게 될 때는 기업 스스로 위험에 처할 수 있다.

한편 작업에 함께 참가했던 다른 프리랜서들을 위한 지출은 마치 연속되는 우편물처럼 여겨질 때가 많다. 그래서 광고작가로 일하고 있는 루츠는 자신이 계약한 예산에서 모델, 코디네

이터, 소도구 설치 등에 대한 비용을 지불한다. 거기에다 만약 작업 준비를 위해 시간이 지연될 때는 바로 적지 않은 액수가 추가 경비에 더해진다. 그리고 사전에 초과수당에 대해 합의가 되면(예를 들면 그럼으로써 질적인 면이 상승되므로) 그는 이 경비를 고객(일반적으로 대형 광고 에이전트)에게 청구할 수 있다. 그러지 않고서는 그가 모든 비용을 자신이 받은 작업비로 충당해야 하기 때문이다.

그래서 일부 프리랜서들의 경우에는 다른 프리랜서들과의 협력이 그들의 핵심적인 능력에 포함되기도 한다.

35세의 요헨은 명성 있는 연구소의 직원으로 수년 동안 전시회를 기획해 오다가 전시회 기획자로 독립하였다. 그는 예전의 경력 덕분에 이미 시장에서 이름이 알려져 있었고 고객들과의 관계를 계속 유지할 수 있었다. 그러나 그는 2년 이상을 '서투른 계약'으로 인해 어려움을 겪었다. 그리고 이제야 개인적인 관계를 근거로 비교적 높은 액수의 계약을 맺게 되었다. 요헨은 전시회 기획자로서 모든 예산의 책임을 지고 있으며 자신의 판단에 따라 혹은 전반적인 기획의 요구에 따라 예산을 전시회에 참가한 건축가, 그래픽 디자이너, 필름 제작자, 세트 설치가 등에게 나누어줄 수 있다. 사무실 유지비 외에 그에게는 어떤 고정 비용도 들지 않는다. 고정된 인력을 고용하는 문제는 신중하게 고려해 본 결과 그만두기로 결정하였다. 왜냐하면 현재의 계약 상황이 지속적으로 이어질지 아닐지를 결코 아무도 보장할 수 없기 때문이다. 직원을 고용하면 두 배 이상의 고정 비용이 들 것이며 최악의 경우 그의 사업이 위험에 처할 수도 있다. 그보다는 차라리 일이 많을 때 과중한 업무량을 일 주일에 두 번 오는 프리랜서 인력으로 해결함으로써 힘겹더라도 이런 상황을 감수하는 것이 낫다고 여기고 있다.

이런 사례는 많은 자유업인들이 자신의 독립기업을 위태롭게 만들기보다는 차라리 조직적인 결손을 감수하는 쪽을 택하고 있음을 보여주고 있다. 그러나 당신이 계속해서 많은 계약들이 체결되고 있음에도 불구하고 직원 고용을 거부하는 것은 일종의 약점을 드러내는 것이기도 하다.

그러므로 프리랜서나 독립기업가가 지속적인 계약 증가를 확실히 예상하게 된다면 소규모 기업의 대표로 나서서 그와 관련된 모든 책임과 의무를 받아들이든지, 아니면 여전히 1인기업의 프리랜서로 있으면서 모든 계약을 받아들일 수 없으므로 어쩔 수 없이 선택을 위해 까다로워져야 하든지 결정을 해야 할 것이다.

만약 저널리스트나 사진작가들의 경우처럼 팀 사무실의 형태로 협력을 하는 경우에는 다양한 업무가 잘 보완되는 일이 매우 중요하다.

사진작가로 일하는 볼프는 '사람'이라는 테마를 전문적으로 다루고 있다. 그의 동료는 이와 반대로 무생물을 대상으로 사진 작업을 한다. 그래서 이들은 의뢰자와 관련하여 소위 같은 사냥감을 위해 경쟁할 필요가 없으면서도 작업팀의 일부를 공동으로 이용할 수 있고 사무실도 함께 나누어 쓸 수 있다. "한마디로 사무실이 훨씬 더 활기가 넘쳐요"라고 볼프는 협력의 장점을 말했다. 물론 때때로 두 사람이 동시에 할 일이 넘칠 때는 어려운 점도 있지만 그런 일은 아주 예외적인 경우라고 한다.

또한 고정 비용의 절감이라는 항목은 많은 협력 작업의 중요한 동기가 되고 있다. 그래서 화가들은 넓은 아틀리에만 나누어 쓰는 것이 아니라 상황에 따라서는 기구나 도구들도 공동으로 사용한다.

또 첫눈에 보기에는 서로 공통점이 없어 보이는 분야들끼리도 협력 체계가 이루어질 수 있으며 그로 인해 비용을 절감할 수 있다.

34세의 빌프리트는 작은 청소회사를 운영하고 있으며 특히 현관의 계단 청소를 전문으로 하고 있다. 그의 부인인 마리에타는 38세이며 서기 사무소를 운영하고 있다. 그들의 공동 사무실은 총 25제곱미터밖에 되지 않는 방 두 개의 작은 공간이다. 그녀는 자신의 일을 하면서 동시에 남편 회사의 사무를 처리하고 두 회사와 관련된 경리 업무와 각기 다른 전화번호로 걸려 오는 고객 상담도 담당한다.

사실 이상적인 경우라면 일을 방해받지 않고 원래의 전문 분야에 전념하도록 다른 일들을 처리해 주는 사람들도 네트워크 내에 포함되어 있어야 한다. 왜냐하면 프리랜서와 독립기업가는 스스로를 '고독한 기수'라고 여기고 다른 사람에게 맡겨야 할 일까지도 모두 혼자 떠맡으려는 경향이 있기 때문이다.

물론 우리가 스스로 해결할 수 없는 일(예를 들어서 가스, 전기 설비나 전화 프로그램의 변경)은 이와 관련된 여러 업체 중에서 최고의 것을 선택하거나 여러 곳의 견적을 알아볼 수도 있다. 그러나 더 나은 전략은 그런 서비스를 네트워크 내에서 해결하는 것이다.

다시 말해서 여러 서비스의 상호적인 교환 작업을 통해 지속적인 관계를 유지하는 것이다. 원활하게 운영되는 네트워크 안에서는 대금 지불도 산발적으로 각각의 교환 서비스를 통해 대체될 수 있다.

루츠는 자신의 상담소를 운영하고 있는 심리학자이며 '파트너십'을 주제로 강연과 세미나를 개최하고 있다. 그리고 그의 경리인 한스-게오르크는 같은 프리랜서로 일하고 있다. 얼마 전에 그전 파트너와 헤어진 한스-게오르크는 이 주제에 관심이 있지만 상담 비용을 감당할 수 없었다. 그러자 루츠는 그에게 다음과 같은 제안을 하였다. 그는 무료로 세미나에 참가할 수 있고 대신에 루츠를 위해 일정한 시간 동안 경리 업무를 봐주는 것이다. 한스-게오르크는 여기에 합의했다. 물론 이런 협력과 관련해서는 어떤 결산용 영수증도 없었다. 그런데 세무서가 이런 방식의 협력에 대해 조사를 하게 되었을 때 일의 적은 규모와 불규칙성 때문에 법적으로는 소위 '이웃돕기'에 해당될 수밖에 없었다.

긴밀한 네트워크 협력
― 합의와 규칙을 정하라

　당신이 사무실 혹은 아틀리에의 임대 비용을 다른 프리랜서나 독립기업가와 나누어 내게 된다면 기본적으로 더 나은 장소를 구할 수 있다는 장점이 있다. 또한 청소비, 전화료, 복사기 비용 등도 분담할 수 있으며, 당신이 다른 장소에서 고객과 만나고 있을 때 최소한 전화를 받아줄 수도 있다.

　이런 방식 외에도 다른 여러 가지 형태의 협력이 가능하다. 예를 들어서 한 사람은 사진을 찍고 다른 사람은 그 사진을 판매할 수도 있다. 한 사람은 웹 디자인을 하고 다른 사람은 레이아웃-컨셉을 짤 수도 있다. 이런 방식으로 당신은 고객들에게 더 완벽한 서비스를 제공할 수 있고 프리랜서들에 대한 좋은 인상을 심어줄 수 있다.

　일반적으로 기업적인 업무(예를 들면 경리나 기계 손질 등)나 계약 건수가 너무 많은 경우에는 하부기업으로서 계약의 일부분을 맡아주는 다른 프리랜서 내지는 독립기업가들과 협력을 하는 것이 가장 이상적이다.

이러한 네트워크 협력은 적든 많든 제도화된 형태를 취할 수도 있다. 제도화된 형태에서는 자금의 공동 사용이나 공동의 작업 진행이 보다 더 우선시된다. 중요한 것은 모든 참가자들이 처음부터 공동체의 목적에 대해 합의를 해야 하고 공동의 비용과 수입 혹은 공동으로 얻은 권리 등의 처리와 관련해서 규칙을 정해야 한다는 점이다.

비용 분담에 있어서는 기본적으로 세 가지의 가능성이 있다. 원인제공자 부담의 원칙(더 많이 사용한 사람이 더 많이 지불한다), 동등한 부담의 원칙(모두가 사용 정도에 상관없이 동등한 몫을 지불한다), 사회적 부담의 원칙(비용 분담은 필요에 따라 혹은 수입의 정도에 따라 정한다).

또한 중요한 사실은 공동의 손실 비용은 어떻게 처리할 것인지, 탈퇴는 어떻게 할 수 있는지, 그리고 이 협력단체가 해산되는 경우에는 어떻게 되는지 등에 대해 미리 협의를 해두는 일이다. 사무실이나 상담실을 공동으로 쓰는 경우 수입과 관련하여 다음과 같은 방식들을 생각해 볼 수 있다.

첫째, 모든 수입은 공동 계좌로 들어간다. 여기서부터 예를 들면 시간 소비에 따라 분배가 이루어진다(경우에 따라서는 병가나 휴가에 따라 변수가 생길 수 있다).
둘째, 모든 참가자들이 자신의 비용으로 일을 하고 총수입에서 그들에게 할당된 비용을 제한 후에 각자의 몫을 받는다.

셋째, 모두가 고정된 '일정한 보수'를 받는다. 경우에 따라서는 초과 수입이 연말에 분배된다.

그런데 현실적으로 공동 분배의 모델들이 특히 문제가 생기기 쉬운 것으로 나타난다. 왜냐하면 이런 그룹들은 재분배의 정도와 사회적인 균형의 요인이 클수록 분위기적인 요소에 더 많이 의존하기 때문이다. 때로는 아주 사소한 일로 분위기가 깨지고 그러자마자 연대감과 동료의식을 위한 감정적인 토대도 한번에 무너지고 만다. 반대로 공동단체의 모델이 개인적인 차이를 재정적으로도 많이 반영할수록 더 안정적으로 유지된다. 왜냐하면 구성원들의 감정적인 관계가 냉랭해져도 공동협력의 장점이 아직 확실하게 남아 있기 때문이다.

한편 공동의 사무실 혹은 상담실을 사용하는 경우에는 다음과 같은 장점이 있다.

- 함께 사용하는 사무실 임대료가 단독 사무실 임대료보다 훨씬 저렴하다.
- 유사하거나 서로 관련된 직업을 가진 사람들이 한 장소에서 일을 하면 시너지 효과를 기대할 수 있다.
- 공동으로 대규모의 작업을 진행할 수 있다.
- 혼자서는 비용을 감당할 수 없는 기술적인 장비도 구입할 수 있다.
- 비서 고용이나 공동으로 사용할 수 있는 회의실, 혹은 단체를 위한 공간 마련이 가능하다.

그러나 이런 모든 장점들의 이면에는 공동 활동과 공동 물건이 다툼의 원인이 될 수 있다는 약점이 숨어 있다. 특히 생산 공동체의 경우에는 이런 점들이 분명하지 않으면 문제가 생길 소지가 다분하다. 누가 어떤 기술적인 결정에 대해 권한을 갖는가? 특허권은 누가 소유하는가? 누가 외부적으로 공동체를 대표하는가?

제도화된 협력체에서 생길 수 있는 또다른 문제는 자유업인의 상황이다. 협력 네트워크의 한 회원이 총수입에 대해 그저 미미한 몫만을 버는 직업을 가지고 있다면 그 모든 공동사업이 그에게는 생업으로 여겨질 수 있다. 그런 경우는 금방 돈을 거둬들여야 하는 상황이 될 수 있기 때문이다.

네트워크 내에서의 갈등
― 친구는 친구, 사업은 사업

미하엘은 공포소설 작가로서 한 출판사와 책을 쓰기로 계약을 맺었다. 그런데 계약 체결의 시점에 그는 다른 책의 프로젝트로 인해 일이 많았고 동시에 새로운 프로젝트도 시작하고 싶었기 때문에 첫 장을 친한 동료에게 맡겼다. 두 사람은 페이지로 계산하는 일괄 가격에 합의했다. 그러나 이때 미하엘은 더 이상의 추가 작업이 필요 없는 원고 상태를 전제하고 있었다. 그러나 동료로부터 돌려받은 원고는 상당히 많은 추가 작업을 필요로 했다. 그는 이에 따라 가격을 낮추려고 했고, 동료는 충분한 대가를 받아야 한다고 주장했다. 결국 그들은 10%의 가격 인하에 합의했다. 이 비율은 미하엘이 적당하다고 생각했던 것의 절반에 불과했다.

위의 사례를 통해 우리는, 처음에는 모든 당사자들에게 의미 있게 보이는 협력에서 얼마나 빨리 갈등이 생길 수 있는지 알 수 있다. 친구나 지인 사이에서는 흔히 기존의 관계를 위태롭게 하지 않기 위해서 너그러이 봐주거나 아무 말 없이 너무 높거나 너무 낮은 가격을 지불하는 불합리한 경향이 있다. 그러나 이런 일이 반복되면 불만이 쌓이게 마련이다. 그러므로 보다 더 현명한 방법은 시세에 가깝게 합의를 하고 친구라고 해도 일반적인 시장 가격보다 더 많지도 더 적지도 않게 지불하는 것이다.

또한 친구나 지인과의 협력에서 생기는 갈등의 주요 원인은 일의 종류와 방식, 그리고 업무와 지불 이행 등 그 외의 여러 사항에 대한 합의 내용을 서식으로 남기는 일을 미루기 때문이다. 구두 합의는 흔히 부정확하고 불완전하며 경우에 따라서는 모든 당사자들이 스트레스를 받는 상황이 생길 수 있다. 왜냐하면 이미 문제가 나타난 후에 해결책을 찾아야 하기 때문이다.

물론 이와 달리 친구들과 지인들끼리는 서면 합의서 같은 것은 필요가 없다고 여기는 사람들도 있다. 그들은 마치 서면 합의서가 신뢰의 붕괴를 의미하는 것처럼 느낀다. 물론 예상하지 못했던 문제가 발생하더라도 깊은 우정과 관계 유지에 대한 양측의 강한 의지만 있다면 해결의 가능성은 충분히 있다. 그러나 서로 부당하게 느끼는 합의 내용이 있을 경우에는 흔히 장기적으로 관계에 영향을 미치는 장애 요소가 될 수도 있다. 사전에 분명한 합의를 하는 것이 그러한 상황이 벌어질 위험성을 줄이는 길이다.

물론 당신은 결코 모든 갈등을 사전에 방지할 수는 없다. 한 쪽이 원한다면 언제나 다툼은 생길 수 있다. 그러나 일에 관한 논쟁으로 볼 수 있는 다툼은 마치 웅덩이를 지나가는 자동차를 피하기 위해 우산을 펼칠 필요는 없는 것처럼 특별한 대책이 필요 없는, 그저 있을 수 있는 일이다.

한편으로 프리랜서-네트워크는 외부로부터 받는 공동의 위협에 대해 함께 대처할 수 있다는 장점이 있다.

마르쿠스는 프리랜서 조명 디자이너로 일하고 있다. 그가 한 대형 홀의 조명장식을 책임지는 대규모 계약을 맺게 되자 역시 프리랜서이며 조명기구 제작자인 요헨에게 계획에 따라 조명기구의 제작을 위임했다. 그런데 모든 제품을 설치한 후에 제품에서 불쾌한 냄새가 난다는 사실이 밝혀졌다. 제품의 원료가 사용 방식에 적절하지 않음이 분명했다. 조사 결과 제품설명서에 잘못된 정보를 기재한 한 부품 제작자의 잘못으로 드러났다. 마르쿠스는 어떤 계획상의 실수도 저지르지 않았고, 요헨도 자신의 업무를 정확하게 해냈다. 단지 공적으로 보자면 조명기구 제작자인 요헨에게 배상의 책임이 있다. 그가 잘못된 부품을 사용했기 때문이다. 그러나 마르쿠스는 이미 요헨과 자주 일을 했고 앞으로도 일을 하고 싶었기 때문에 그와 부품 제작자 사이의 소송에 끼어들었다. 결국 반년 이상의 힘들고 지겨운 협상 후에 결국 부품 회사가 모든 손해액을 감당하기로 합의했다.

그런데 이런 합의는 마르쿠스가 자신의 마지막 카드를 내놓은 후에야 비로소 이루어졌다. 곧 그는 이번 사건을 공식적으로 동료들에게 알리고 그럼으로써 부품회사의 명예가 점점 실추되도록 만들겠다고 압력을 가했던 것이다.

5

고객 찾기와 연결하기

39세의 가구 디자이너이자 실내 장식가인 미하엘은 작은 작업실을 가지고 있다. 그의 사업은 수년 동안 매우 순조롭게 운영되었기 때문에 진지하게 마케팅에 대해 생각해 볼 필요가 없었다. 특별한 노력을 들이지 않아도 주문이 쏟아졌다. 그가 일을 잘했기 때문에 입소문이 꽤 났던 것이다. 그런데 어느 날 갑자기 불경기를 맞게 되었다. 막상 주문이 끊기자 홍보를 하려고 해도 자신의 경력과 성공을 증명할 만한 자료라고는 단 몇 장의 아마추어 사진밖에는 없었다. 이제야 그는 고객 유치를 위해 팸플릿이나 웹 사이트가 얼마나 중요한지 분명히 알게 되었다. 문제는 이제 그가 전문적으로 그런 준비를 하기에는 지불 능력이 부족하다는 점이었다.

위의 사례는 프리랜서와 독립기업가가 비록 당장은 필요한 것 같지 않아도 마케팅에 관심을 가지는 것이 얼마나 중요한지를 잘 보여주고 있다. 자체 생산품을 폭넓은 시장에서 판매하는 기업들이나 뜨내기 고객들이 있는 가게의 소유주들과는 달리 자유업인은 상대적으로 고객과 만날 기회가 적다. 이들의 고객이란 한 개인일 수도 있고(예를 들면 작품을 구입하는 미술 애호가) 혹은 신문사의 편집자나 산업체의 인사 책임자처럼 큰 조직의 일원일 수도 있다.

어떤 경우에든 고객을 만족시키고 상황에 따라 발생할 수도 있는 관계의 위기를 세련되게 극복하는 일은 절대적으로 중요하다. 일반인을 상대하는 경우에는 비교적 빨리 신뢰 관계가 형성될 수 있기 때문에 상대적으로 수월하지만 회사와 단체들을 상대하는 경우는 조금 더 까다롭다. 왜냐하면 회사 사정에 따라 대화 파트너가 바뀌고 끊임없이 새로운 사람을 상대해야 하기 때문이다. 그러므로 자유업인에게는 더더욱 개인적인 고객 관계가 중요하다. "당신이 무엇을 알고 있는가는 중요하지 않다. 그러나 당신이 누구를 알고 있는가는 중요하다"는 미국의 격언도 있다.

흔히 우리는 공동의 친구들에 대해 이야기를 하거나 서로의 안부를 묻는 과정에서 가장 큰 주문이나 계약이 성사되기도 한다. 우연한 파티에서의 만남도 계약 상황을 하루 저녁 안에 제로에서 최상으로 순식간에 상승하게 만들 수도 있다. 물론 우리가 언제나 '원만한 인간관계'의 덕을 보는 것은 아니지만 때로는 본능적으로 사람들의 무리에서 꼭 맞는 대화 파트너를 찾아내고 꼭 맞는 주제에 대해 대화를 나누게 되는 일도 어느 정도는 있을 수 있는 일이다.

새로운 사업에 뛰어든 사람들의 가장 흔한 실수 중 하나가 고객 관계에서 개인적인 요소를 등한시하는 것이다. 그들은 시간을 낭비하지 않고 많은 고객들과 동시에 의사소통을 할 수 있는 인터넷이라는 실용적인 매체를 활용할 수 있다는 기쁨으로 흔히 중요한 사실을 망각한다. 곧 사람들은 자신이 개인적으로 잘 알고 신뢰할 수 있는 사람들과 거래하기를 가장 좋아한다는 사실을 말이다.

대부분의 사람들이 자료 조사나 정보 찾기 목적으로 인터넷을 이용하는 데는 거리낌이 없다. 그러나 실제로 구매를 하거나 주문을 하는 일에 있어서는 차라리 같은 생각을 가진 사람들과의 접촉을 통해 마음을 정한다.

고객 관계는 사업적인 한계를 넘어서는 친밀한 요소들을 가질 때 비로소 보다 더 긴밀해질 수 있다. 그래서 당신이 자신의 일에 대해 생계 이상의 더 많은 의미를 부여한다는 것을 고객이 느낀다면 당신과 고객과의 관계는 질적으로 향상될 수 있고 보다 더 오래 유지될 수 있으며 위기에 빠질 위험도 적어진다. 특히나 당신이 많지 않은 고객들을 상대한다면, 그래서 당신의 사업이 절대적으로 고객 유치에 의존한다면 그들의 개인적 특성에도 관심을 가져야 하며 그들이 어떤 '내적 논리'에 따라 움직이는지를 파악해야 한다.

내가 제공할 수 있는 것은 무엇인가

원래의 자기 일을 할 때처럼 자신의 상품이나 서비스의 판매를 즐기는 자유업인들은 별로 많지 않다. 당신이 자기 홍보를 단지 이상적 직업의 부담스러운 측면으로만 여긴다면 문제가 있는 것이다. 자기 홍보는 프리랜서와 독립기업가인 당신에게 특별한 모험이 될 수 있다. 왜냐하면 자기 홍보를 통해 당신은 한 개인으로서 자기 자신과 자신의 능력에 대해 알리고 자신과 자신의 일에 대해 얼마나 확신을 가지고 있는지를 보여줄 수 있기 때문이다.

물론 당신의 사업이 아직 초기 단계에 있고 중점 업무와 방향이 아직 분명하지 않을 때는 외부에 홍보를 하는 일이 쉽지 않다. 많은 프리랜서와 독립기업가들이 수년 동안을 헤매고 난 뒤에야 확실한 색깔을 지니기 때문이다. 그러기 위해서 우선은 여러 가지 시도와 경험을 해보는 것이 전제되어야 한다.

29세의 다니엘라는 신문방송학을 전공한 프리랜서 저널리스트이다. 그녀는 우연히 카페에서 만난 사람들을 통해 지역 신문에 동물보호단체에 대한 기사를 쓸 기회를 얻게 되었다. 이것은 그녀의 첫번째 작업으로 물론 보수가 좋지는 않지만 그녀의 능력을 증명할 수 있는 기회였다. 이후 그녀는 여러 가지 지역적 테마에 대한 기사를 써달라는 제안을 받게 되었다. 그녀는 또한 열성적인 인라인 스케이트 마니아였기 때문에 스케이터들에 대해서도 기사를 썼다. 그러자 한 인라인 스케이트 제작자가 그녀에게 관심을 보였고 보수를 받는 원칙으로 홍보활동을 해줄 것을 제안했다. 이제 그녀에게는 규칙적인 수입이 생기게 되었고 저널리스트로서의 일은 스포츠와 관련된 문화 이벤트라는 분야에 제한하였다. 이렇게 뚜렷하고 확실한 자기만의 특색을 가진 그녀는 전문잡지로부터 계속 일을 의뢰받았으며, 이제는 경력 있는 전문저널리스트이기 때문에 당연히 보수도 인상되었다.

다음과 같은 마케팅의 기본 원칙을 늘 기억하라. 자기만의 특색이 분명한 마케팅 계획을 세울수록 성공의 가능성은 높아진다. 모든 사람에게 서비스를 제공하려는 사람은 결국 아무에게도 제공하지 못한다. 그러므로 프리랜서와 독립기업가는 모든 계약 체결을 마케팅의 관점에서도 고려해야 한다.

- 이 일이 나의 특색을 만드는 데 도움이 되는가?
- 내가 이 일과 관련된 시장에서 계속 일을 할 것인가?

- 그 고객이 함께 일을 함으로써 나를 알리는 데 도움이 되는 훌륭한 추천장이
  될 만한가?
- 그다지 좋지 않은 조건이지만 이 일이 앞으로의 주문을 위해 수문장의 역할을
  할 수 있는가?

전화통화의 기술

"당신이라면 마치 자동응답기처럼 말하는 사람을 여행가이드로 고용하고 싶으시겠어요?" 프리랜서 광고 카피라이터인 게하르트는 녹음테이프에서 나오는 목소리를 들어보고는 고개를 흔들었다. "저도 그렇게 하지 않을 겁니다." 한 여행사의 마케팅 담당자가 말했다. 광고 일 때문에 만났던 그와의 상담은 유쾌하게 끝났다. 자신의 사무실에 돌아온 게하르트는 자동응답기를 눌러보았다. 그리고 마찬가지로 고개를 흔들었다. 자신의 응답기에서도 기계적인 목소리가 나왔다. 그가 할 수 있는 유일한 변명이란 카피라이터는 말이 아니라 글을 통한 의사소통의 전문가라는 사실이다.

때때로 당신은 왜 나에게는 고객이 찾아오지 않는지 이해할 수 없을 것이다. 혹시 당신이 자동응답기로 안내하는 말을 녹음할 경우에는 반드시 여러 친구들과 지인들의 의견을 수렴해야만 한다. 그리고 그들이(물론 당신 자신을 포함해서) 만족할 때 비로소 녹음기의 안내가 당신 사업에 손해를 끼치지 않는다고 안심해도 좋을 것이다. 호감이 가지 않는 안내 말투는 마치 혐오스러운 인물사진처럼 부정적인 광고 효과를 낼 뿐이다.

흔히 목소리는 우리가 원하지 않는 더 많은 것들까지 폭로해 버린다. 불안정함, 부족한 결단력, 단념 등의 분위기가 바로 전달되는 것이다. 그러므로 이런 문제가 있는 사람은 언어 교정의 도움을 받으라고 권유하고 싶다. 전문가의 도움을 받는 것도 좋고 스스로 훈련을 할 수도 있다. 우선은 자신의 목소리가 신체 어느 부위에서 나오는지를 잘 들어보아야 한다. 언제나 배에서 나오는 깊은 목소리가 목에서 나오는 소리보다 훨씬 더 설득력 있고 안정감 있게 들린다.

당신이 전화를 걸었든 걸려온 전화를 받았든 전화를 통한 고객과의 첫 대화만으로 얼마든지 많은 일들이 벌어질 수 있다.

전화를 통한 첫 대화를 성공적으로 이끄는 방법

- 전화를 걸기 전에 언제나 당신이 반드시 통화를 하려는 이유를 나열해 보라. 너무 잦은 전화는 대개 좋지 않은 인상을 준다. 또한 돈이나 계약 협상에 관한 문제로 통화를 할 때에는 미리 당신의 요구사항과 예측 가능한 상대방의 이의 제기에 적합한 말을 생각해 두어야 한다.
- 당신이 주문 제안을 받았고 그것을 받아들일지 아직 확신이 서지 않을 때는 생각할 시간을 달라고 부탁한다. 고객의 번호를 받아두고 약속한 시간에 다시 전화를 걸어주어야 한다.
- 만약 당신이 직접 어떤 서비스나 상품을 제공한다면 반대로 당신의 고객에게

결정을 위한 시간을 주어야 한다. 경우에 따라서는 고객에게 정보 자료를 보내거나 당신의 웹 사이트를 알려줄 수도 있다. 어떤 경우에도 당신이 고객에게 압력을 주고 있다는 인상을 주어서는 안 된다.

- 만약 당신이 어떤 계약에 관심이 있더라도 즉시 반응을 보여서는 안 된다. 흔히 고객들은 구속력이 없는 주문을 취소하고 똑같은 주문을 다른 사람에게 할 수도 있기 때문이다. 이런 사례를 잘 알고 있다는 점을 표현하라. 당신이 고객에게 매여 있다는 인상을 덜 줄수록 당신을 선택하는 데 보다 자유롭게 느낄 수 있다.

- 당신이 전화 상담 약속을 잡을 때는 그 통화가 이미 지불된 상담 대화인지 혹은 (규모가 큰 프로젝트에서) 결산이 아직 되지 않은 계약의 일부인지를 분명히 하라. 또한 구속력이 없는 인사식의 전화 약속은 피하라. 전화 상담이 예정되어 있지만 고객이 진정으로 관심이 있는지 확실하지 않은 경우에는 예약한 날 전에 미리 알려줄 것을 부탁할 수도 있다. 당신이 무의미하게 약속을 기다리지 않도록 말이다.

- 만약 당신이 어떤 중요한 사람과 직접 전화 통화를 하는 데 어려움이 생기거나 따돌림을 당한다고 느낄 때는 비서나 당신의 전화를 받는 사람에게 용건을 말하라. 이런 방식으로 당신은 원하는 사람과 연결이 될 수도 있고 흔히 고집스럽게 직접 통화를 시도하는 것보다 더 많은 효과를 얻을 수도 있다.

- 당신이 만약 컨설턴트로 일하고 있다면 최고의 판매 전략은 언제나 당신의 능력을 보여주는 것이다. 성공 여부를 두려워하거나 자신의 지식에 대해 진부한 설명을 늘어놓지 말고, 질문하는 방식이나 작은 힌트로 당신의 잠재적인 고객을 설득하라.

당신이 '전화 세일즈'에 전문적으로 관심을 가지고 싶다면 여기 몇 가지 추가적인 힌트들이 있다.

전화 세일즈를 위한 힌트

- 전화 판매를 이용한 사업은 많은 인내력을 요구한다. 이런 사업의 성공은 고집과 수많은 전화 통화를 거쳐 이루어진다. 거절에 대해 충격을 받지 말라. 거절은 극히 일반적인 일이며 당신의 인격 자체에 대한 멸시를 의미하는 것이 아니다.
- 두려움과 분노를 삭이기 위해 규칙적으로 휴식시간을 가져라. 이때 예를 들면 체조나 신선한 공기, 때로는 큰 소리로 소리를 질러보는 것도 도움이 된다.
- 당신의 책상을 깨끗이 치워라. 그리고 간단한 메모 도구와 꼭 필요한 서류만을 놓아두어라.
- 긍정적이고 확신 있는 분위기를 만들어라. 미소를 지어라. 좋은 기분이란 전화로도 느껴지는 법이다.
- 상대방에게 당신의 전화가 방해가 되는지 물어보라. 그런 경우라면 더 나은 시간이나 날짜를 정하라.
- 상대방이 인내심을 잃게 만들지 말라. 당신이 말하려는 것이 무엇이고 당신의 이야기를 듣는 것이 왜 가치 있는지를 간략하고 명확하게 이야기하라.
- 만약 당신의 제안이 부차적인 설명을 요구하는 일이라면 전화로 개인적인 대화를 위한 약속을 잡아라.

그러나 통화를 하는 동안 대화가 잘 되었다고 해서 일이 다 된 것은 아니다. 전화 통화를 세련되게 마무리하는 것도 잊어서는 안 된다. 이때 상대방에 대한 긍정적인 표시가 도움이 될 수 있다.

- 상대방에게 그의 인내심에 대해 혹은 지지와 관심에 대해, 심지어는 그의 불평이나 부정적인 비평에 대해서조차도 감사의 뜻을 표현하라. 그렇게 해야만 당신은 원하는 바를 최상으로 이룰 수 있다.
- 상대방을 칭찬하라. 당신이 진정으로 좋게 생각하는 점을 말해주는 것이 좋다. 그의 주의력, 그의 아이디어, 혹은 제안이나 그 외 다른 어떤 것에 대해서든 말이다.
- 끝으로 중요한 것이 있다. 상대방에게 앞으로 다가올 과제나 도전에 대해 행운을 빌어주는 말을 잊지 말라. 이러한 긍정적인 대화를 통해서 당신은 앞으로의 대화와 성공적인 협상을 위한 문을 열 수 있다.

35세의 레기나는 원래 학술기관의 직원으로 일을 했으나 지금은 프리랜서로 새로운 판매 시스템 아래 일하고 있다. 이 판매 시스템은 브랜드 제작자들의 협력 네트워크로서 이들은 수입과 가입 기간에 따라 등급이 매겨지는 할인 체계가 운영되는 소비자 네트워크를 구축하려고 한다. 그녀는 이 일을 위해 자신이 알고 있는 사람들 중에서 가능한 모든 사람들에게 연락을 했고 만나기 두려운 사람들에게도 전화로 설득하는 일을 망설이지 않았다. "최근에 저와 통화를 한 지 5분 후에 이렇게 말한 고객이 있었어요. '헛수고 하지 마세요. 나는 전혀 관심이 없어요.' 그러나 그녀는 그 후에 다시 전화를 걸었고, 결국 그 고객의 집을 방문하기로 약속했지요." 그녀는 고객에게 상품을 소개하고 이 모든 것이 사기적인 판매 행위나 속임수가 아님을 확인시켰다. 결국 그녀는 그 고객으로부터 첫번째 주문을 받게 되었다. "사전에 세부적인 전화 상담 교육이 없었다면 결코 해내지 못했을 거예요" 하고 그녀는 자랑스럽게 말했다.

당신만의 브랜드로 홍보하라

만약 당신이 자신의 제품이나 서비스가 가만 있어도 저절로 팔리는 소수의 프리랜서 그룹에 속하지 않는다면 당신만의 광고 기획이 필요하다. 여기에는 다음과 같은 것이 포함된다.

- 당신만의 로고가 찍힌 서류 용지
- 명함
- 접어 끼워놓을 수 있거나 제본된 팸플릿
- 웹 사이트

나만의 로고

눈에 띄는 활자체의 기업 이름과 함축적인 로고는 회사를 하나의 브랜드로서 알리고 재인식시키는 데 큰 역할을 한다. 외부적인 홍보에도 물론 중요하지만 내부적인 사용을 통해서도 사업 파트너와 직원들의 정체성이 크게 상승한다. 전문가들 사이에서는 이처럼 재인식의 가능성을 높이는 프레젠테이션 기획을 '기업 디자인' 이라고 부른다. 여기에는 사무실 실내장식, 회사 간판, 회사의 팸플릿, 인터넷 광고, 뉴스레터, 안내문 그 외의 다른 모든 매체들이 관련된다.

모든 자유업인은 그들이 프리랜서 음악가이든, 작가이든, 기업 컨설턴트이든, 혹은 의류 디자이너나 조각가이든 자기만의 로고가 있어야 한다. 흔히 이런 로고를 찾기까지 몇 년이 걸리기도 하지만 일단 하나의 로고를 가지게 되면 하나의 상징으로서 내부적으로 안정감을 주고 외부적으로 이미지 인식의 효과가 있다. 로고는 자신의 분야 내에서 활동 범위가 확장될 경우를 위해 어느 정도 여지를 남겨두어야 한다. 예를 들면 숙련된 트럼펫 연주자가 로고를 만들 때 자신을 음악가로만 명시했지만 나중에는 음악 교사나 관악기 판매상으로도 활동을 할 수 있다는 말이다. 또한 로고를 만들 때 중요한 점은 로고가 자기 인식을 표현하고 스스로 로고와 일치감을 느낄 수 있어야 한다는 것이다.

만약 기본적인 아이디어가 있다면 로고의 완성은 수월하게 이루질 수 있다. 이러한 '브랜드 홍보' 가 효과가 있다는 것은 이미 수십 년 전부터 대규모의 합병 기업들이 증명해 오고 있다. 또한 나만의 고유한 로고는 활동 범위가 넓어지거나 사업의 중점이 해가 지나면서 확장될 때 더욱 중요해진다.

45세의 볼프람은 심리치료사 겸 이 분야의 전문작가로서, 상

담실을 운영하고 세미나를 개최하여 이름을 알리게 되었다. 그는 특정한 치료 방식에서 전문가로 통하고 있었다. 그런데 해가 지나면서 그는 추가교육을 통해 요즘 더 인기 있는 다른 방식을 고객들에게 활용하게 되었다. 그런데 새로운 방식을 고객들에게 제공하려고 했을 때 예전의 방식으로 알려진 그의 이미지 때문에 문제가 생기게 되었다. 이런 상황이 되고서야 그는 처음부터 자신의 '브랜드'를 만들 때 포커스를 보다 더 자신의 '인물'에(지금처럼 치료 방식에 치중하는 것이 아니라) 두었어야 했다는 것을 깨닫게 되었다. 이런 생각으로 그는 늦었지만 한 그래픽 디자이너에게 그만의 고유한 로고를 만들어줄 것을 의뢰하였다.

인쇄물 광고

나의 경험으로 볼 때 자기 일에 대한 광고 작업이 조화롭게 이루어지기까지는 많은 시간이 걸린다. 사람들이 흔히 하는 실수 중 하나가 광고를 하지 않거나 혹은 광고지를 열악하게, 대부분의 경우 직접 제작하는 경우다. 이런 실수는 대개 전문적인 광고 비용을 감당할 수 없다는 생각에서 비롯된다. 그리고 여기에 자기 상품화에 대한 어떤 거부감이 함께 작용한다. 일반적으로 소극적인 자유업인은 자신은 스스로 어떤 일도 할 필요가 없고 그저 세상이 자신의 재능을 발견해야 한다고 여기는 경향이 있다. "도대체 왜 아무도 내가 얼마나 우수하고 얼마나 능력이 뛰어난지를 알아주지 않는단 말인가?" 대개 이런 식으로 소극적인 자유업인은 독백을 한다. 만약 당신이 이런 부류에 해당된다면 마케팅 작업을 위한 그 어떤 에너지도 결코 끌어모을 수 없다.

인테리어 디자이너인 43세의 귄터는 오랜 직장생활을 접고 독립의 길로 들어섰다. 개인 고객 유치에 나서기 시작한 그는 정기적으로 비용이 적게 드는 지역 잡지에 작은 광고문을 게재했고 자신의 컴퓨터로 전단을 만들어서 자신의 작업 스타일과 그다지 인상이 좋지 않은 자신의 사진과 몇 가지 특징을 소개하였다. 그는 이 광고지를 500장이나 복사해 놓았다. 그러나 1년 동안 그는 겨우 15장을 사용했을 뿐이다. 사실 그는 나머지를 사무실과 주거 지역에 배포하려고 했었지만, 그의 표현을 빌리자면 자기가 '쇼를 하며 돌아다녀야 하는 것'을 견딜 수 없었다. 그러던 중 친구가 광고 카피라이터로서 이미 마케팅에 대해 어느 정도 알고 있었기에 그의 광고문이 열악함을 충고해주었다. 그는 결국 친구의 전문적인 도움으로 새로운 광고문을 만들었고 예전의 광고지는 모두 쓰레기통 차지가 되었다. 기념으로 남겨놓은 한 장만을 제외하고는 말이다.

이처럼 초보적이고 성의 없는 광고 방식이 오히려 역효과를 내는 사례는 얼마든지 있다. 이런 역효과적인 광고는 돈 낭비에 불과하다. 주변에는 고객을 유혹하는 멋진 팸플릿들이 널려 있기 때문이다.

효과적인 인쇄물 광고를 위해서는 언제나 유용한 정보가 들어 있고 멋지게 보이고 호감이 가는 수준 높은 광고지를 제작해야 한다. 더구나 당신이 당신의 분야에서 독특하고 새로운 방법을 알리려고 한다면 자신의 전문 분야에 대한 정보를 충분히 주어야 한다. 왜냐하면 당신이 이런 부분을 광고지에서 소개하는 방식에 따라서 잠재적인 고객들이 이미 당신의 능력을 파악할 수도 있기 때문이다.

설득력이 있고 비교적 완벽한 팸플릿을 제작하기 위해서는 많은 시간이 걸릴 수 있다. 당신이 제작한 초안을 인쇄하기 전에 먼저 여러 가지 모델들을 만들어서 친구와 지인들에게 보여주어 반응을 확인하라. 이렇게 해야만 나중에 실수 때문에 후회하는 일을 예방할 수 있다.

좋은 광고문은 훌륭한 아이디어와 그 제작을 위해 충분한 돈을 들이겠다는 마음가짐을 통해 만들어진다. 최근에 나는 비로엉망이 된 길에서 반짝이는 물건을 보았다. 그것은 플라스틱 안내문이었는데 호기심에서 그것을 자세히 들여다보았는데, 그것은 중고 전자 부품을 거래하는 한 독립기업가의 광고지로 디자인 면에서도 전혀 눈에 띄지 않는 광고물이었다. 이 진부한 플라스틱 선전문은 그의 사업에 딱 맞을 메시지를 전달하고 있다. "어떤 것은 내버리는 것이 더 낫다."

웹 광고

현재 당신의 사업이 어떤 단계에 있든 혹은 당신이 어떤 분야에서 일을 하고 있든 마찬가지이다. 자기 사업을 위한 웹 광고는 언제나 효과가 있다. 또한 재정 능력이 부족한 사람들도 괜찮은 웹 사이트를 만들 수 있다. 이런 소위 전자 명함을 사용하는 데 드는 비용은 그다지 많이 들지 않으며 더구나 웹 사이트를 위한 표준 레이아웃이 들어 있는 무료 소프트웨어도 있다.

필요한 소프트웨어와 익숙해지는 것이 너무 복잡하다고 느끼는 사람은 전문가에게 부탁을 할 수도 있다. 한두 시간의 교육으로도 인터넷 전문가는 당신을 다양하게 제작된 레이아웃 내에서 독자적으로 문서나 그림을 넣거나 교환할 수 있도록 만들 수 있다. 웹 사이트는 팸플릿과 비교해서 큰 장점이 있는데, 그것은 바로 언제라도 현재 자기 사업의 활동과 영역의 변화에 대해 빠르게 반응할 수 있고 수정할 수 있다는 점이다.

그러나 다른 한편으로 아무리 최고의 웹 사이트라고 해도 그것이 눈에 띄지 않고 전 세계적으로 광범위한 웹 사이트의 물결 속에 묻혀버린다면 아무 소용이 없다. 당신의 웹 사이트가 다른 사람들의 눈에 얼마나 잘 띄느냐 하는 것은 직접 일반적인 검색 사이트에서 당신의 상품이나 서비스를 찾아보면 쉽게 확인할 수 있다. 만약 당신의 사이트가 검색 결과에서 500번째에 링크되어 있다면 온라인 검색에서 쉽게 눈에 띄는 경우는 아니라는 점을 알아두어야 한다. 이에 대해 매우 효과적인 방법이 있다. 당신의 인터넷 주소를 검색 단어가 이름 안에 들어 있도록 만드는 것이다. 그렇게 되면 검색 단어가 문서 안에만 들어 있는 경우보다 훨씬 더 빠른 순서에서 나타나게 될 것이다. 당신은 또한 동일한 웹 사이트를 여러 가지 주소를 통해 연결되도록 만들 수도 있다. 이것 역시 전혀 비용이 많이 들지 않는다.

만약 당신이 다양한 제품을 제공하고 싶다면 서로 독립된 각기 다른 웹 광고를 할 것을 추천하고 싶다. 그것이 보다 전문가다워 보이기 때문이다.

다른 한편으로 당신은 다른 광고 매체들을 통해서도 당신의 웹 사이트가 주의를 끌도록 만들어야 한다. 자유업인에게 이상적인 것은 인쇄 매체(신문, 전문잡지, 프로그램 등)의 고전적인 작은 광고와 웹 광고를 결합하는 것이다. 이런 방법은 잠재적인 고객들과의 관계를 느리지만 당신이 유도할 수 있게 한다.

웹 사이트가 당신의 고객 확보에 어떤 역할을 하는지는 분야에 따라 큰 차이가 있다. 물론 당신의 서비스가 기술과 정보에 깊이 관련되어 있을수록 웹 광고는 더욱 중요하다. 결론적으로 웹 광고는 다음과 같은 효과가 있다.

• 고객 확보에서 전자 명함의 역할을 한다. 왜냐하면 당신은 문의를 하거나 질문서를 보내는 새 고객에게 더 많은 정보를 제공할 수 있기 때문이다. 당신이

웹 주소를 광고문에 제시하면 전화로 자료를 요청하는 부탁을 받을 때 팸플릿 대신에 웹 사이트의 내용을 인쇄해서 보낼 수 있다. 그것은 첫째로 더 저렴하고 두번째로 고객에게도 사업의 역동적인 발전을 알리는 더 적당한 자료가 될 것이다.

- 시간을 절약할 수 있는 자격 증명서가 될 수 있다. 당신의 이력과 활동을 증명하는 모든 것들을 — 문서, 예술적 혹은 수공업적 작품의 사진, 견본용 필름 등 — 자료실에 넣어두고 편안하게 관심 있는 사람들에게 제공할 수 있다. 흔히 "몇 가지 작업 견본을 보내 달라"고 요구하는 고객들이 있다. 이럴 때 당신의 홈페이지를 알려주거나 견본들을 웹 사이트에서 복사하여 전자메일로 보내줄 수 있다면 좋은 인상을 줄 수 있을 것이다.

- 미래의 작업실이 될 것이다. 한편으로 당신의 웹 광고는 지난 업적들을 기록해 둘 수도 있지만 또한 미래의 방향과 비전을 제시할 수도 있다. 웹 사이트에서 당신은 앞으로 자신에 의해 만들어질 세상의 모습을 구성할 수도 있다.

입소문을 통한 홍보

일반적으로 광고는 돈이 많이 들고 그 효과는 흔히 예측하기 어렵다. 그러므로 자신의 사업을 오로지 입소문을 통해서만 알리면서 잘 발전시키고 있는 사람은 행복하다고 여길 만하다.

42세의 베르트는 독립한 재정 컨설턴트이다. 그는 한 회사에서 수년 동안 일을 하고 필요한 기본적 지식을 얻은 후에 그 동안 쌓아온 고객과의 관계를 그대로 유지한 채 독립을 하였다. 그는 오로지 입소문을 통한 소개로 일을 하고 있다. 몇 시간 동안의 상담이 끝나면 그는 고객에게 자신을 고객의 친구들이나 지인들에게 소개해 줄 수 있는지 물어본다. 그리고 그들의 전화 번호를 받거나 개인적으로 자신을 여러 사람에게 추천해 줄 것을 부탁한다.

입소문을 통한 홍보라고 해서 단지 우연에만 의존하는 것은 아니다. 입소문이 그 효과를 최상으로 발휘하기 위해서 당신은 먼저 분명한 특징을 전달해야만 하고 또한 고객으로 하여금 당신을 계속 추천하도록 어떤 동기를 부여해야 한다. 만약 당신이 언제나 고객을 만족시켰고 그럼에도 불구하고 계약 부진으로 고생하고 있다면 이제는 그저 소극적으로 추천을 부탁할 것이 아니라 의도적으로 고객의 친구들이나 지인들에게 접근해서 적극적으로 공세를 펴야만 한다.

가능한 넓은 범위의 인맥들을 정기적으로 관리하는 것도 입소문을 확장하는 데 도움이 되는 방법이다. 그러나 너무 집요한 질문이나 부담을 주는 자기 홍보는 가능한 한 피해야 하고 그보다는 오히려 본론을 간접적으로 우회해서 전달하는 것이 좋다. 이런 입소문을 통해 첫번째 만남이 이루어질 수 있다. 이때 고객들은 자신이 신뢰하는 사람으로부터 소개를 받았다면 확신이 있을 것이고 때문에 당신에게 어떤 다른 프레젠테이션을 요구하지도 않을 것이다. 그러나 대부분 입소문과 당신을 소개하는 자료와의 연관성을 확인하려고 한다. 그런 경우 명함 한 장이면 최상의 대답이 될 것이다.

그 외의 훌륭한 홍보 수단

만약 당신이 프리랜서와 독립기업가로서 새로운 세상의 문을 열었다면 홍보 작업을 통해 당신만이 가진 신선하고 새로운 특성을 돋보이게 만들어야 한다. 매체들은 대부분 '새롭고 신선한 것'에 대단히 많은 관심을 가진다. 그러므로 당신과 당신의 사업 아이디어에 대해 기사를 써줄 기자를 우연히 만날 때까지 마냥 기다려서는 안 된다. 신문과 잡지는 흔히 정기적으로 특정한 테마(주거, 재생 에너지, 재테크 등)를 정해서 기사를 싣거나 특집으로 다루곤 한다. 만약 당신이 이런 기사들을 뒤적이다가 당신의 사업에 들어맞는 테마를 발견하게 된다면 곧바로 이와 관련된 기사가 언제 또 나올 예정인지 알아보고 적극적으로 당신의 회사가 소개되도록 노력해야 한다. 당신이 편집자 혹은 독자의 입장이라고 생각해 보라. 당신은 어떤 기사를 흥미롭다고 여기겠는가?

전문잡지도 대단히 멋지고 훌륭한 홍보 수단이다. 만약 당신이 이미 인터넷이나 인쇄 광고물에서 판매 전략적인 문서를 작성해 보았다면 주제를 보다 깊이 있게 다룬 기고문을 작성할 수도 있을 것이다. 이 밖에도 전시회, 학회 혹은 이와 유사한 여러 행사에서 사업 발전에 큰 도움이 되는 개별적인 사업적 만남이 이루어지기도 한다. 불필요한 노력을 줄이기 위해서 당신은 자신의 회사가 소개된 기사를 건네주거나 혹은 그런 테마에 관심이 있는지 미리 물어볼 수도 있다.

특히 문화 부문에 종사하면서 공연을 하려는 사람(음악가나 연극배우로서)은 절대적으로 매체에 의존하게 된다. 여기서도 또한 관심을 끌기 위해서는 개인적인 접촉이 도움이 된다. 만약 대화가 매끄럽게 진행되지 않았다고 해도 바로 뒤로 물러서서 접촉을 피할 필요는 없다.

만약 당신이 혁신적인 상품 아이디어를 가지고 있거나 별로 알려져 있지 않은 서비스를 제공하는 경우라면 강연을 통해서 홍보를 할 수도 있다. 여기서 말하는 강연이란 반드시 당신이 살고 있는 지역의 저명한 교육 센터에서 이루어지는 거창한 강연만을 말하는 것이 아니다. 예를 들어 관련 직종에 종사하는 동료들의 사무실도 강연 장소로 적당하다. 그 외에도 웬만한 도시에는 강연 문화를 지원하기 위한 장소들이 많이 있다.

사무실 실내장식

만약 당신이 호화로운 사무실 장식을 위해 이미 많은 돈을 투자했다면 성공에 대한 부담감만큼이나 실패의 위험도 높다고 할 수 있다. 물론 이런 상황이 동기를 부여하는 요인으로 작용할 수도 있고 필요한 의욕을 만들어낼 수도 있다. 그러나 분명한 것은 남의 시선을 의식한 외부 장식은 '문제가 있는' 사업 마인드라는 점이다.

때때로 은행의 지원을 제안하는 어떤 컨설턴트들은 이런 표어를 내세우기도 한다. "구차하게 살지 말고, 구할 수 있는 돈을 충분히 쓰자." 그들은 비싼 사무실 장비를 구입하고 멋진 공간을 임대하고 경우에 따라서는 비싼 사업용 자동차까지 사거나 임대할 것을 권유한다.

경우에 따라서는 실제로 그런 방법이 시장에서 자리를 잡는 데 효과적인 전략이 되기도 한다. 단 사무실이 절대적으로 필요한 고객들을 상대로 하는 경우에만 그렇다는 뜻이다. 한편으로는 이런 방식으로 희망에 가득 차서 기쁘게 사업가의 삶을 시작한 적지 않은 사람들이 얼마 되지 않아 공식적인 파산 선언을 할 지경에까지 이르게 된다. 그러므로 스스로 충분히 자문해 보아야 한다. 나의 고객들을 위해 사무실이 진정으로 필요한가? 혹은 좋은 장비, 품위 있는 명함, 자신감 있는 행동만으로 충분한가? 사무실을 제대로 갖추어 놓고 싶은 소망이 어떻게 생계를 위협하는 대실패로 이어질 수 있는지 다음의 사례가 잘 보여주고 있다.

카피라이터와 그래픽 디자이너로 일하는 데트레브는 친구의 소개로 중간 규모의 회사와 일을 시작하게 되었다. 반년 만에 비교적 많은 양의 일거리를 얻었던 그는 하부 기업으로 지원을 해준 다른 프리랜서들의 도움으로 무리없이 해낼 수 있었다. 그것도 방 두 개짜리 아파트를 사무실로 개조한 좁은 방에서 말이다.

1년 후에 그는 좀더 적극적으로 일을 해보기로 결심하고 160

평방의 아파트를 임대하였다. 그는 이곳의 보수작업을 위해 많은 돈을 투자했고, 마침내 자신의 고객들을 당당하게 맞이할 수 있게 된 것이 기뻤다. 예전에 그는 이미 여러 번 이런 저런 이유로 고객들의 방문을 거절해 왔기 때문이다. 그런데 새 사무실에서 몇 개월을 보낸 후에 그의 수입은 현저하게 줄어들었다. 그의 주요 고객이 심각한 재정 위기에 빠졌고 마케팅 비용을 급격히 줄였기 때문이다.

데트레브는 이제까지 이룬 경력을 이용해서 새로운 고객을 확보하기 위하여 노력했지만 이렇게 반년이 지나자 지불하지 못한 임대료는 늘어났고 많은 액수의 세금 독촉도 받게 되었으며 은행의 잔고 부족으로 심각한 재정난을 맞게 되었다. 이런 상황이 되자 데트레브는 다시 방 두 개짜리 아파트로 돌아갈 것을 결정하였다. 그는 현명한 예견으로 예전의 집을 매각한 것이 아니라 임대만을 했기 때문이다. 이제 그는 다시 일을 시작하기 위해 옛날 아파트를 개조했다. 이와 동시에 그의 수입도 다시 조금씩 상승하였다. 또한 그 사이 주요 고객의 재정 상태도 개선되어 다시 마케팅 부문을 위해 투자를 할 수 있게 되었고 그 자본이 대부분 데트레브에게로 돌아오게 되었다. 그러나 그의 수입은 기본적으로 회사 운영을 할 정도였기 때문에 때때로 그는 광고 에이전트로서의 일도 하였다. 이미 처음부터 데트레브가 계약 파트너를 방문하기로 합의를 하였기 때문에 일을 맡긴 기업의 직원이 개별적으로 그의 사무실로 오는 경우는 없었다.

사실 수준 높고 까다로운 고객이라고 해도 당신이 가진 실력을 증명하기 위해서는 확신에 찬 말과 행동만으로도 충분할 것이다. 당신이 대중교통 수단을 이용해서 왔든 혹은 유행이 지났지만 당신의 개인적인 기호에 맞는 재킷을 입고 왔든, 그런 것은 중요하지 않다. 물론 개성 표현에도 도가 지나친 경우가 있기는 하다. 당신이 자신의 일을 소개하거나 계약을 맺으러 갈 때 굳이 직접 짠 니트나 낡은 작업복을 입고 갈 필요는 없을 것이다. 당신이 베이비시터나 목공 기술자가 아니라면 말이다.

36세의 볼프강은 프리랜서 기업 컨설턴트이다. 그는 정보산업 분야에서 유명한 대기업으로부터 그의 컨설팅 기획을 프레젠테이션하라는 연락을 받았다. 그런데 그 전에 사장 직속의 다른 직원들과 함께 만날 기회가 생겼다. 여기서 그의 마케팅 수단이라곤 고작 웹 사이트 하나밖에 없다는 점이 대화의 화두가 되었다. "제 컨셉트 중 하나는 저의 개인적인 선호도와 적합한 해결책을 그때그때 순간적으로 찾아내는 능력입니다. 때문에 저는 화려하고 멋진 팸플릿을 만들지 않았습니다." "그렇게 했다면 당신은 우리와 만나지 못했을 것입니다. 그런 팸플릿들은 우리에게도 얼마든지 있거든요"라는 대답이 돌아왔다. 볼프강은 이 대기업의 간부 그룹을 자신이 제안한 방법으로 코치하기로 계약을 맺게 되었다.

당신에게 멋진 사무실이 꼭 필요한지 혹은 그다지 필요하지 않은지는 당신이 상대하는 고객의 범위에 달려 있다. 그러나 당신의 개인적인 욕구와도 관련이 있다. 왜냐하면 일하는 공간은 언제나 당신이 기꺼이 머물고 싶은 즐거운 곳이 되어야 하기 때문이다. 당신의 고객도 그런 느낌을 감지할 수 있을 것이다.

성공적인 마케팅을 위한 힌트

- 당신의 예상 수입을 근거로 한 해의 마케팅 계획을 세워라(사업 비용에 따라 다르겠지만 마케팅 비용은 수입의 10에서 30%까지 배정할 수 있다).
- 당신의 마케팅 자료를 아끼지 말라. 고객들과 친구들의 의견을 참고해서 당신의 마케팅 자료들을 지속적으로 개선하라.
- 목표 지향적 고객 마케팅을 전개하라. 다시 말해서 당신이 어떤 고객에게 말을 걸 것인지, 고객의 어떤 욕구를 충족시킬 것인지를 잘 생각하고 마케팅을 시작하라는 뜻이다.
- 당신 자신의 인터넷 도메인을 마련하라. 약간의 교육만 받으면 당신은 자신의 웹 사이트를 가질 수 있고 필요에 따라 변경할 수도 있다.
- 그러나 '자체 해결'에 대한 당신의 능력을 과대평가하지는 말라. 보다 전문적인 제작을 위해서는 일반적으로 비용이 들게 마련이다.
- 당신이 택한 마케팅 방식의 성공 여부를 점검하라. 예를 들어서 새로운 고객과의 접촉이 어떻게 이루어졌는가를 조사하는 것을 통해서 말이다.
- 당신의 고객에게 마케팅 작업의 피드백이 되어줄 것을 부탁하라.
- 동료들이 그들의 전문 분야에서 사용하고 있는 웹 광고나 마케팅 노하우를 보고 자극을 얻어라.

고객과의 갈등 해결

프리랜서와 독립기업가는 흔히 개인이든 단체나 기업이든 소수의 고객들과 상대를 하게 마련이다. 그러므로 어떤 경우이든 고객을 만족시키고 일어날 수 있는 위기를 세련되게 극복하는 능력이 절대적으로 필요하다.

개인 고객의 경우에는 어느 정도까지 조정이 가능하다. 왜냐하면 신뢰 관계와 친근한 의사소통 관계가 비교적 빨리 형성되기 때문이다. 그럼에도 불구하고 당신은 갑작스럽게 고객을 잃게 되는 경우도 염두에 두어야 한다. 서로의 관계가 충분히 돈독해진 그런 때라도 말이다. 그래야만 고객과의 관계에서 어떤 부담에도 견딜 수 있고 위기에 대한 면역성을 갖게 된다.

57세의 미하엘은 조각가로서 친분이 있는 한 의사의 정원을 자신의 조각품으로 장식하게 되었다. 그 의사는 스페인에 넓은 땅을 소유하고 있었다. 10년의 기간 동안 의사는 함께 의논을 한 후에 설계에 맞는 조각품들을 구입하였다. 그런데 한 거대한 조각품을 설치하는 데 받침대의 구조에 어려움이 생겼다. 이 받침대가 안정적이지 않은 것으로 나타났고 한 차례 폭풍이 지나간 후에는 새로 제작해야 할 만큼 손상되었다. 그러자 지금까지 늘 미하엘을 존중해 왔던 의사는 태도가 돌변하여 이렇게 불평했다. "이런 일은 있을 수 없는 일이다. 그가 기술적인 실수를 한 것인지도 모르는데 자신의 실수를 합리화하려고 하고 있다. 그는 모든 상황을 더 악화시키고 있을 뿐이다." 미하엘이 주변 사람들에게 들은 바에 의하면 의사는 실제로 막 소송 준비를 하고 있었다. 내년까지 이어질 계약이 해약된다면 미하엘에게는 생존의 위협이 될 정도의 상황이었다. 그 의사는 미하엘의 주요 고객이었기 때문이다. 결국 그는 가까스로 타협의 방법을 찾아냈다. 그는 의사에게 제안하기를 그의 실망에 대해 보상을 하겠다고 했다. 그리고 그가 만든 작품을 선물했다. 마침내 화해가 이루어졌고 작업은 계속되었다.

언제나 인간관계와 관련된 일이 그렇듯이 좋은 의도의 말이나 행동이 오히려 역효과를 내는 경우들이 있다. 관계 단절이 당신의 힘으로 어쩔 수 없는 일이 되기도 하지만 관계 유지를 위해 일단 최선을 다해야 한다. 상대방의 실수를 인간적인 약점으로 받아들이고 최종적인 관계 단절의 위험이 있는 개인적이고 감정적인 대면을 피하는 것이다. 그리고 고객의 행동이 불쾌하고 이해할 수 없다고 해도 실용적인 해결책을 찾아보는 것이다. 고객과 감정적으로 어려운 상황이 생길 때는 당신이 고객 관계의 유지를 위해 어느 정도의 대가를 치를 준비가 되어 있는지 생각해 보아야 한다. 그런 경험을 통해 당신은 스스로를 더 잘 파악할 수 있다. 만약 당신이 만성적으로 여러 고객들과 구조적으로 비슷한 갈등에 얽히게 된다면 당신 자신에게 문제가 없는지 돌아보는 기회로 삼아야 하며 다른 사람의 도움도 마다하지 말아야 한다.

회사와 단체를 상대할 경우에는 물론 담당 직원들의 개인적인 특성도 문제가 되지만 부가적으로 이들이 직원으로서 맡은 역할과 전반적인 단체의 분위기에 따라 상황이 달라질 수도 있다. 거기다가 서로 친숙해지기도 전에 담당자들이 빠르게 교체되곤 한다. 그러므로 고객 관계를 안정적으로 유지하기 위해서는 원래의 전문적 능력과 함께 심리학적인 예민함이 필요하다. 이것은 단지 개인 고객만이 아니라 회사나 단체 고객들을 위해서도 마찬가지다.

그러므로 당신은 거래하는 기업의 의사소통 방식에 대해 관심을 가져야 한다. 단지 기업의 철학을 파악하는 것만으로는 충분하지 않다. 당신은 무엇보다도 문서상의 요구사항과 일상적인 대화를 통해 알게 된 사실 사이의 틈에 대해 관심을 기울여야 한다.

그러나 상대방도 이러한 모순을 느끼고 있다고 확신하기 전까지는 공식적으로 표현하지는 말라. 그렇지 않으면 당신은 쉽게 계약 위반자라는 평판을 얻을 수 있고 당신의 파트너는 정체성에 관한 갈등에 빠질 수 있다. 당신과 일을 하는 담당자는 결국 당신에게 매여 있는 것이 아니라 계약 위탁자인 회사에 매여 있는 몸이다. 때문에 그는 기꺼이 기업 내에서 상황을 좋게만 바라보려는 경향이 있다. 프리랜서와 독립기업가로서 당신은 이런 상황을 이해하고 세련되게 처신해야 하며, 당신의 파트너에게 눈높이를 맞추어 함께 동감하고 함께 대화를 해야 한다. 그렇게 함으로써 당신은 실제로 존재하는 조직적인 그리고 인간적인 약점들을 활용할 수 있다.

클라우스는 대기업의 기술 개발연구팀에서 문안 작성 코치로서 몇 번의 작업을 한 후에 설문지 개발과 관련된 계약을 체결하게 되었다. 이 설문지의 도움으로 모계 기업의 간부들을 위한 교육 방식이 개발될 예정이었는데 그 자회사가 클라우스를 프리랜서로 고용한 것이다. 그런데 막상 이 일의 직접적인 담당자들은 교육 방식의 예측 결과와 관련하여 클라우스의 브리핑을 허용하는 것은 자신들의 권한 밖이라고 느꼈다. 왜냐하면 이러한 교육 방식이 이미 일부 간부들 사이에서 '마찰이 있는 것'으로 나타났기 때문이다. 결국 클라우스는 기업의 커뮤니케이션을 책임지는 이사에게 가야만 했다. 그러나 브리핑에 관한 부탁을 했던 그와의 통화는 갑자기 끊기고 말았다. 왜냐하면 담당자가 그 어떤 적절한 대답을 할 수 없었고 5분 동안 계속되는 클라우스의 고집스런 공적인 요구 때문에 격분하여 전화를 끊어버렸기 때문이다. 그리고 클라우스가 다음날 자신의 파트너에게 전해들은 바에 의하면 이사는 바로 자회사에 전화를 걸어 클라우스를 해고하도록 요구했다고 한다. 그러나 클라우스는 '프린랜서'였기 때문에 그런 요구가 이루어질 수 없었다. 그럼에도 불구하고 이것이 마지막 계약이 되고 말았다. 왜냐하면 그동안 그와 일을 했던 담당자는 얼마 되지 않아 회사를 떠났고 그 외에는 어떤 후원자도 없었기 때문이다. 클라우스는 이때를 회상하며 말하기를 자신의 의사표현 방식이 공평하거나 예의가 있었는지는 모르지만 지나치게 고집스러웠으며 기업의 분위기에 맞는 의사소통 방식에 주의를 기울이지 않았다고 말했다. 분명히 그 이사는 경의의 표현을 기대했을 것이다. 또한 클라우스로 인해 그가 자신의 공적인 권한의 한계를 인정하고 브리핑을 허가할 자격이 없음을 인정해야 하는 당황스러운 상황에 빠지게 된 것이 화가 났던 것이다.

만약 당신이 프리랜서와 독립기업가로서 단체나 회사를 고객으로 상대하게 된다면 가능한 한 은밀히 담당자가 어떤 권한을 가지고 있는지 알아두어라. 그리고 더 높은 직급의 사람들과 함께 만나게 될 때도 당신의 파트너가 뒤로 쳐지는 느낌이 들지 않도록 유의해야만 한다. 당신은 프리랜서와 독립기업가로서 법적인 보호를 받지 못하기 때문에 인간적인 측면에서 보호와 안전성을 얻는 것이 매우 중요하다. 한편으로는 당신이 의뢰받은 작업에 대해 신경을 많이 쓰고 있다는 느낌을 전달하고 다른 한편으로 고객이 다른 프리랜서와 경쟁을 시킬 생각을 전혀 하지 않을 만큼 즐거운 분위기를 유지하라. 이 모든 것은 당신이 어떻게 하느냐에 달려 있다.

"저는 완전히 심리적으로 회사 사람들을 사로잡았죠, 그들은 저를 놓치지 않을 겁니다. 한마디로 그들에게는 제가 최상의 선택임을 인식하는 것 외에는 다른 선택의 여지가 없어요. 그래서 저는 경쟁을 생각하지 않고 제게 유리한 제안을 할 수 있고 그들은 받아들일 수밖에 없죠. 왜냐하면 그들이 다른 사람을 저만큼 상황 파악을 하도록 만들기 위해서는 최소한 6개월이 소요될 것이기 때문입니다." 위르겐은 이렇게 프리랜서 마케팅 전문가로서 자신이 한 중소기업에서 차지하고 있는 위치에 대해 말했다. 짧은 시간 안에 위르겐은 새로 온 마케팅 책임자에게 점수 따는 법을 알아냈던 것이다. 그 중에는 자신이 직접 생각해 낸 해결책을 그 사람의 고유한 발견인 것처럼 말해주는 이미 오래된 방식도 들어 있었다. 어쨌든 그의 연간 수입은 많은 액수에 이르게 되었고 기본적인 총괄 계약을 보장받고 있다. 이제 그는 기업 신문에서부터 전시회 준비와 제품 안내서까지 여러 가지 업무와 심지어 마케팅 기획의 개발까지 맡게 되었다.

당신이 해당 기업을 고객으로 붙잡아두기를 원한다면, 그 기업 안에서 안정적인 위치를 차지하고 지속적인 계약 성사를 확보하기 위해서는 원래의 사업적인 업무와 더불어 원활한 의사소통이 이루어져야 한다. 여기서 당신의 태도에 문제가 있는지를 알려주는 확실한 척도는 당신의 흥분 수위이다. 협상 파트너 내지는 고객이 당신을 화나게 만들 때는 가능한 한 침착하게 행동하고 성급한 결정을 내리지 말아야 하며 친구와 와인을 한잔 하거나 컨설턴트와 상담을 해보는 것이 좋다.

흔히 권력이란 갑자기 뒤바뀐 모습이 될 수도 있는 법이다. 예를 들어 당신이 자유업인으로서 갑자기 다른 쪽으로부터 더 흥미롭고 수익성도 좋은 제안을 받고 지금의 고객과 관계를 끊으려고 애쓰는 경우가 생길 수 있다. 진정한 무관심은 상황에 따라서 심지어 주체성과 프로 근성의 표현이 될 수 있다. 기억하라. 우리가 더 이상 원하지 않는 고객들은 가장 빨리 따라오게 마련이다.

기본적으로 당신도 잘못한 부분이 있다는 점을 의식한다면 고객과의 갈등에 보다 쉽게 대처할 수 있다. 그러나 당신이 그 탓을 다를 사람에게 돌리고, 비난하고, 책임 추궁을 한다면 결코 갈등은 해결될 수 없다. 비록 상대방에게 95%의 잘못이 있고 당신에게는 5%의 잘못밖에 없다고 해도 당신은 그 5%에 대해 어떤 변화를 줄 수 있다. 그리고 그런 방법으로 때때로 사람들은 나머지 95%의 부분에도 변화를 줄 수 있다. 갈등에

대한 자신의 책임 몫을 인정하는 것이 당신으로 하여금 불손하
거나 독선적으로 반응하지 않게 하고 갈등이 첨예화되지 않도
록 도와줄 것이다.

6

나만의 개성 만들기

패치워킹과 전문화
아웃소싱, 전문가답게 활용하라
누구에게나 위기는 있다
지구력, 실패 없는 성공은 없다

　나만의 개성에는 업무적 특성과 개인적인 성격이 포함되는데, 이 두 가지는 프리랜서와 독립기업가로서 경력이 쌓이면서 형성된다. 당신의 업무적 특성은 지금까지 교육과 계약 체결을 통해 획득한 모든 능력을 포함하고 있으며, 당신의 성격은 지금까지 사회 경험을 통해 쌓인 자기 이미지의 흔적을 보여준다. 당신이 어떤 종류의 개성을 가지고 있는가에 따라서 특정한 고객들을 끌어들이게 되는데, 만약 당신이 모든 기술적인 규칙을 따랐음에도 불구하고 당신의 자유업 혹은 독립기업이 제대로 돌아가지 않는다면 나머지 가능성은 오직 당신의 개성뿐이다. 당신의 마음이 끌리는 대로 일을 하고 당신의 경험을 통해 현실적인 것과 비현실적인 소망을 구별할 수 있을 때 비로소 당신이 가진 능력으로 충분히 많은 고객들을 확보하게 될 것이다.

　당신이 다양한 계약들과 상황에서 얻은 경험을 의식적으로 내면화시키고 실전에서 활용할 때 당신의 개성은 시간이 흐르면서 자동적으로 더 뚜렷해질 것이다. 흔히 우리가 장기간의 위기와 힘든 시기를 이겨내기 위해서는 자신감, 직관, 그리고 인내력이 요구된다. 때로는 100% 자신의 목표를 위해 몰두하는 것만으로는 충분하지 않으며 일이 어느 정도 진행될 때까지 인내심을 가져야 한다. 마찬가지로 인내를 가지고 자기만의 개성을 위해 노력하는 사람만이 시장에 자신을 당당하게 내놓을 수 있으며 장기적으로 성공의 대열에 합류할 수 있다. 개성을 만들어야 한다. 그러나 그러기 위해서는 충분한 시간이 필요하다.

패치워킹과 전문화

　당신의 개성과 관련해서 내리게 되는 가장 중요한 결정들은 다름아닌 당신의 기획안과 직결된다. 당신에게 중요한 문제는 광범위한 패치워킹과 특정 분야에 관한 폭 좁은 전문화로 가는 길 사이에서 올바른 길을 찾는 것이다. 패치워킹의 위험성은 시장에서 자신의 정체성이 별로 드러나지 않는다는 것, 시각적으로 이야기하자면 샘물을 찾기 위해 깊게 한 곳을 파는 대신에 여러 개의 작은 구멍을 파는 것이라는 점에 있다. 반대로 전문화의 위험성은 당신의 다양한 능력을 제대로 활용하지 못하고 스스로 다른 분야에 대한 미련을 갖는다는 점에 있다.

　패치워킹은 최근에 사회적으로 대단히 많은 반향을 불러일으켰다. "당신이 원래 잘하는 일이나 잘하라." 예전에는 여러 개의 분야에서 직업 활동을 하는 사람들은 흔히 이런 고전적인 말을 들었다. 그러나 이제는 시대가 변했다. 직업 세계를 전망하는 일이 어려워지고 직업 이미지가 변화함으로써 우리가 원래 할 수 있는 일과 우리에게 적합하지 않은 일과의 구분이 점

점 모호해지고 있다. 때때로 아무 통고도 없이 계약서에 표기
되어 있는 내용과 거의 관계가 없는 업무 분야에 배치되는 많
은 직장인들이 이런 상황을 절감한다. 경제활동에서 이제 점점
더 많이 올라운드 인력이 요구되고 있다는 뜻이다. 그럼으로써
패치워킹의 경향도 강해지고 있다. 패치워킹(patch = '깁다',
'조각으로 잇다' 라는 동사에서 나온 말)이란 동시에 혹은 차례로
이루어지는 많고 적은 다양한 직업적 행위의 모자이크를 의미
한다. 또한 패치워킹이란 일반적으로 직업을 구하는 일과 직업
적인 방향이 매치되어 이루어지는 현상이지만 다른 한편으로
직업 활동을 하면서 독립적이고 의식적으로 노력해서 얻어진
능력이 될 수도 있다.

직장인으로서 성공을 하려는 사람은 이제 전혀 다른 여러 가
지 직업 경력과 교육에 대해 더 이상 수치심을 느낄 필요가 없
다. 패치워킹은 점점 더 풍부한 경험의 활용으로 여겨지고 있
으며 한 가지 일에 정착하지 못하는 무능력함으로 인식되는 경
우는 점점 줄어들고 있다.

최근 확대되고 있는 패치워킹의 경향은 직장에서 요구되는
능력이 점점 다양해지고 있다는 사실과 관련이 있다. 또한 직
업적으로 요구되는 특성들이 분리되는 현상이 선행되고 있기
때문에 혼합적인 능력을 가진 사람들이 점점 더 많이 요구되고
있는 사실과도 분명한 관련이 있다.

흔히 많은 초보자들이 너무 광범위한 서비스를 제공하려고

애쓰는 실수를 저지른다. 그러나 모든 사람에게 서비스를 제공하려는 사람은 결국 아무에게도 서비스를 제공하지 못할 수도 있다. 그럼에도 불구하고 패치워킹은 동시적으로나 순차적으로 다양한 분야에서 이루어지고 있는 현실이며 무엇보다도 초보자들에게 생존을 위한 방식으로 이용되는 일종의 전략이다.

36세의 파올라는 사립 무용 학교에서 교육을 마치고 전문대학에서 체조 강의를 맡고 있다. 가끔 그녀는 저예산 영화제작사에서 영화배우로도 활동한다. 이와 동시에 그녀는 친구와 함께 심신 의학 클리닉에서 개최하는 동화구연가 프로그램에 참가하고 있다. 먼 안목으로 그녀는 부유층의 개인 고객을 위한 휘트니스와 건강 트레이너가 되고 싶다. 그러나 그녀의 시각에 따르면 지금은 아직 시장이 충분히 무르익지 않았다. 그녀는 재정적인 버팀목인 전문대학의 강의를 줄이려고 한다. 이 일이 그녀를 가장 많이 소진시키기 때문이다. 그럼에도 불구하고 그녀는 다른 부업들을 포기하지 않으려고 한다. 때때로 영화배우나 동화구연가로서의 활동이 그녀의 일상생활 속에서 기분 좋은 변화를 주기 때문이다.

패치워킹의 가장 흔한 형태는 정체성을 별로 느끼지 못하는 생업과 투자가 필요한 이상적인 직업의 혼합이다.

42세의 크리스티안은 세 개의 재정적 버팀목을 가지고 있다. 그는 일 주일에 하루는 제과점에서 많지 않은 돈을 받으며 판매원으로 일한다. 그리고 하루 내지 이틀은 고급 호텔에서 건강과 긴장을 풀어주는 마사지사로 일하며 주말에는 회사 축제나 어린이 집, 생일잔치 등에서 삐에로가 되어 연기를 한다. 비록 출연료가 많은 편이기는 하지만 오로지 삐에로 생활만을 할 생각은 없다. 그가 삐에로의 역할을 하면서 신나게 놀고 뛰어다닐 때, 특히 더 마사지사로서의 직업이 매력적으로 여겨졌다. 제과점에서 판매일을 하는 것은 앞으로 포기할 생각이다. 그러나 아직은 이 직업이 불안정한 자신의 직장생활에서 조금의 안정성과 약간의 수입을 보장해 주고 있다.

한편으로 패치워킹은 경제적으로 생계를 보장해 주는 기능을 하며, 다른 한편으로 패치워킹을 하는 사람들은 다른 직업에 대한 즐거움까지 느낄 수 있다. 그러나 크리스티안은 사회적인 안정과 관련하여 상반된 감정의 병존을 이렇게 설명하고 있다. "어떤 때는 스스로 의욕이 넘치고 언젠가는 나를 필요로 하는 사람들이 진정한 나의 진가를 발견할 것이라고 생각하죠. 그러나 때로는 이런 자신감은 사라지고 무엇보다도 그 의미에 대해 의문이 드는 시기도 있습니다. 그럴 때면 나는 혼자만의 시간을 갖고 내 길에 대한 확신을 다시 찾을 때까지 내 자신과 싸워야 합니다." 그럼에도 불구하고 그는 자신의 미래를 낙관적

으로 여기고 있고 시간이 흐르면서 자신의 상황이 개선될 것이
라고 믿고 있다.

대부분의 경우 직업 활동을 오래 할수록 패치워킹은 줄어든
다. 그러나 실제로 여러 개의 분야에서 동시에 좋은 성과를 내
는 다재다능한 예외적인 경우의 사람들도 있다.

43세의 볼프강은 여름에는 점토건축에 관한 강의를 하는 강사
와 기획자로 유럽 전역에서 일하고 있다. 그는 국제 축제 행사
에서 청소년이나 성인들과 일을 한다. 그리고 여러 해가 지나
면서 그의 강의는 좋은 반응을 얻어서 겨울에 일을 할 필요가
없을 정도의 수익을 올렸다. 그럼에도 불구하고 그는 겨울 시
즌에는 프리랜서 웹 디자이너로 일을 한다. 기술전문대학을 졸
업한 그에게 이 일은 그래픽 디자이너가 되고 싶은 그의 야망
을 펼칠 수 있는 기회가 되기도 한다.

패치워킹 방식의 장점은 자신의 다양한 재능을 일을 통해서
펼칠 수 있으며 그럼으로써 진부함과 타성에 젖을 위험을 최소
화시킨다는 점이다. 만약 우리가 어느 한 분야에서 사업이 잘
되어 생계 유지 이상의 수익이 나온다고 확신한다면 등한시해
왔던 다른 분야에 더 본격적으로 투자를 할 수 있다. 바로 공
중에서 여러 개의 공을 동시에 돌리는 곡예사처럼 말이다.

41세인 라르스의 주요 직업은 배우다. 여름 동안에 그는 야외 무대의 축제 연극 프로그램에 고정적으로 출연한다. 그리고 나머지 계절 동안은 프리랜서로 이런저런 일들을 한다. 두 명의 아이가 있는 그의 부인은 최근에 심리치료사로서 상담실을 열었다. 두 사람은 규칙적인 수입은 없어도 언제나 돈은 그럭저럭 충당되었다. 라르스는 부업으로 연출가로도 일을 하는데 때로는 자신이 직접 쓴 작품으로 일반 극단에서 공연을 하기도 하고 때로는 친분이 있는 연극 기획자의 프로젝트에서 일을 하기도 한다. 이런 일들은 그에게 많은 즐거움을 주지만 경제적으로는 그다지 도움이 되지 않는다. 그럼에도 불구하고 그는 자신의 두 번째 버팀목을 놓치고 싶지 않다. 그것은 마치 자신의 일부를 잘라내는 것같이 생각되기 때문이다. 또한 그에게 있어 삶의 질이란 다양한 재능을 발전시키는 것이기 때문이다.

패치워킹은 동시적인 것과 시리즈적인 것으로 구별된다. 곧 하루 동안에 변화를 주기 위해 여러 개의 일을 함께 하는 경우와 다양한 일을 차례로 처리하는 방식이 있다.

"나는 언제나 새로운 일을 맡게 될 때 그 일을 내가 평생 동안 하리라고는 더 이상 생각하지 않는다"라고 46세의 리하르트는 인터뷰에서 말했다. 요즘 그는 이름 있는 문화 단체에서 전시회 기획자로 일하고 있으며 앞으로 반년간은 재정적으로 보장을 받고 있다. "물론 나는 아직 그렇게 충분한 사회적 안정을 얻지는 못했다”고 그는 주저 없이 인정했다. 그가 짧게 자신의 경력을 말해보라는 부탁을 받을 때면 언제나 골똘히 생각을 해야만 한다. 그는 일반적으로 자신을 ‘비평가 혹은 편집자’로 칭한다. 왜냐하면 그가 예전에 건축에 관한 전문잡지사에서 일을 했기 때문이다. 그는 직장에서 열정적으로 일했고 이때 언제나 주어진 과제를 통해 대단히 큰 만족감을 느꼈다. 단 그 만족감은 잠깐 동안만 지속되었다.

다양한 분야에서 다양하게 이루질 수 있는 패치워킹은 많은 도전과 성공을 위한 좋은 기회를 포함하고 있다. 그러나 이런 방식이 자신에게 주어진 과제를 피하려는 구실로 이용될 때는 대단히 위험해질 수 있다. 예를 들어서 당신은 프리랜서와 독립기업가로서 경우에 따라서 원래 하고 싶었던 일 이외의 업무를 맡게 될 수도 있을 것이다. 때로는 의뢰된 과제가 당신의 업무 범위에서 많이 벗어나지 않고 원래의 분야에서는 계약이 부진한 경우 일단 계약을 받아들이는 경향이 있다. 그러나 이런 경우는 결코 과소평가해서는 안 되는 위험을 내포하고 있다. 왜냐하면 우리가 진정으로 원하지 않는 일을 지속적으로 하게 될 때는 점점 자존심을 잃게 되고 끊임없이 내적인 갈등을 겪게 되기 때문이다.

경제활동에 있어서 언제나 다음과 같은 표어가 해당된다. 전문화가 신뢰성을 만든다. 당신이 직업적으로 모든 사람의 사랑을 받으려고 시도하면 할수록 당신의 제안은 점점 덜 매력적인

것이 된다. 이와 반대로 전문화를 통해서는 목표지향적인 마케
팅의 가능성이 열리게 된다. 또한 당신이 전문 영역의 경계를
더 좁힐수록 더 많은 능력을 얻을 수 있다.

　당신이 먼저 한 분야에서 전문적인 능력을 획득한 후에야 그
다음의 두 번째, 세 번째 분야를 시작할 수 있는 것이다. 깊은
구멍 하나를 판 사람이 비로소 새롭게 두 번째를 시도할 수 있
다는 뜻이다.

아웃소싱, 전문가답게 활용하라

아웃소싱이란 단지 산업체들만을 위한 방식이 아니다. 자기보다 다른 사람이 더 잘할 수 있고 더 좋아하는 일들로 고생하기를 원하지 않는 모든 사람들이 활용할 수 있는 방법이다. 전문가를 고용하거나 모든 것을 직접 할 수 있다는 착각을 하지 않는 사람이 일반적으로 시장에서 훨씬 전문가다워 보인다.

그런데 이런 방식은 당연히 이에 상응되는 경비가 해결될 때에만 가능하다. 대출로 아웃소싱을 시도하는 것은 수년간의 채무구류로 끝날 수 있는 위험한 전략이다. 기본적으로 나는 프리랜서와 독립기업가의 조직적인 성장을 긍정적으로 여기는 편이다. 그러나 언제나 당신이 가지고 있거나 시장에 제공하려는 것에 대해 먼저 작게 실험해 볼 필요가 있다. 그 작은 실험이 제대로 기능을 할 때 비로소 그 사업을 점점 본격적으로 벌이는 것이다. 이런 전략은 단지 위험성이 적다는 장점만이 아니라 그 사업의 모든 측면을 이해하고 장기적으로 위탁 부분에 대한 기본적인 지식들을 얻도록 도와준다.

자유업을 시작한 초기에 당신은 흔히 수입이 너무 적어서 계약을 통해 다른 사람에게 맡길 수 있는 많은 일들을 직접 하려는 경향이 있다. 모든 것을 직접 해야 된다는 집착은 그렇게 하는 것이 경제적으로 의미가 없을 때 혹은 그 일이 당신의 능력 발전에 방해가 될 때 비로소 문제성을 띠게 된다.

41세의 미하엘라는 교육상담사로 몇 년 전부터 자신의 상담실을 운영하고 있다. 그녀는 재정적인 문제를 보다 잘 이해하기 위해 나의 상담실로 찾아왔다. 그녀의 수입은 이미 예전에 어느 정도 상승하였고 상당히 높은 수준을 유지하고 있다. 이제 그녀는 더 많은 자유시간을 갖고 싶다는 소망을 밝혔다. 대화를 통해 그녀가 자신의 상담실과 관련해서 눈에 띄는 모든 일들을, 청소부터 세미나 자료의 복사에 이르기까지를 모두 직접 처리하고 있음이 드러났다. 우리는 함께 다음주부터 실행할 업무의 위탁 계획을 세웠다. 여기에는 그녀가 자신의 상담실을 효율적으로 관리할 수 있는 컴퓨터의 구입도 포함되어 있다. 그리고 위탁하기로 결정한 수작업적인 일의 일부는 그녀의 상담실에 오는 고객들이 교환방식으로 맡아주기로 하였다.

그러나 우리는 정반대의 방향으로 치우칠 수도 있음을 다음의 사례를 통해 알 수 있다.

35세의 노베르트는 음식조달 에이전트로 독립적인 사업을 시작했다. 그는 자신과 고객을 위해 최고의 것이 좋은 것이라고 생각했기 때문에 대출을 받아서 비싼 사업용 자동차를 구입하고 멋진 사무실을 임대했으며 비싼 물건을 사들였다. 그 결과 그는 제대로 사업을 시작하기도 전에 엄청난 부채와 매달 나가는 비용에 짓눌리게 되었다. 그는 또한 첫번째 계약 업무를 시작하면서도 자신이 직접 상자를 배달하는 것은 고객들에게 좋지 않은 인상을 줄 것이라고 여겨 보조 인력을 고용했다. 그 외에도 그는 세무사, 프리랜서 경리직원, 파트타임으로 일하는 안내데스크의 여직원 등을 고용했다. 그러나 유감스럽게도 그의 수입은 바람직한 방향으로 움직여주지 않았고 지불해야 하는 비용은 급격하게 늘어갔다. 늘 경쟁이 존재하고 자신의 가격을 더 이상 아래로 내릴 수 없었던 그는 1년 후에 결국 사업을 포기해야만 했다. 왜냐하면 한마디로 더 이상 이런 모험을 계속하는 것이 무의미했기 때문이다.

언제 직접 일을 하고 언제 위탁을 하는 것이 최상인지를 알아내기 위해서 당신은 각각의 경우에 따라 신중히 생각하고 결정해야 한다. 단 하나의 원칙에 근거한 결정을 내려서는 안 된다. 확신이 서지 않을 때는 장점과 단점을 나열해 보는 것이 좋은데 대체적인 방법은 다음과 같다. 곧 당신이 어떤 새로운 일에 대해서 충분한 능력을 가지고 있는데 그 일을 위탁하는 데 드는 비용이 당신이 그 시간에 버는 것과 같거나 그 이상일 때는 어떤 경우에도 직접 하는 것이 좋다. 만약 당신이 다른 사람에게 일을 제공함으로써 호의를 베풀고 싶거나 최대한의 수입을 올리기 위해 노력할 필요가 없을 정도로 많은 돈을 버는 경우가 아니라면 말이다. 또한 다른 사람을 작업에 적응시키는 데 드는 비용이 일의 경감으로 얻는 이익과 같은 정도라면 위탁하는 것이 진정으로 부담을 덜어준다는 확신이 들 때만 가치가 있다.

아웃소싱에서의 갈등의 해결이 어떻게 가능한지를 다음의 사례가 보여주고 있다.

클라우스는 프리랜서 그래픽 디자이너이며 필요에 따라서는 파트타임으로 소프트웨어 구성과 하드웨어 설치를 담당해 줄 컴퓨터 전문가를 고용하기도 한다. 그는 사무실에서 사용하기 위해 노트북 컴퓨터를 구입했고 몇 개의 프로그램들을 새로이 설치하고 활성화시켜야만 했다. 클라우스가 생각하기에 매우 쉬운 일이었다. 그러나 고용된 컴퓨터 전문가는 여러 가지 시도가 성공하지 않자 예정된 작업 시간인 1시간이 지나도록 만족할 만한 정도로 일을 마무리하지 못했다. 클라우스는 그의 작업이 불만족스러웠으므로 우선 시간 수당이 훨씬 비싼 다른 전문가를 불렀다. 그리고 처음의 컴퓨터 전문가를 다시 만나서 자신의 불만에 대해 이야기했다. 결국 그들은 지난번 작업에 대해 단지 반시간에 대한 수당만을 지불하기로 합의했다.

위탁과 아웃소싱에 관한 힌트

- 당신 자신과 계약 파트너에게 당신이 생각하는 만족스러운 업무가 어떤 것인지를 확실히 밝혀두어야 한다.
- 보다 규모가 큰 계약의 경우에는 사전에 작은 시험 계약을 맺어보아야 한다. 그런 후에야 당신이 위탁 파트너로부터 무엇을 기대할 수 있는지 자세히 알 수 있다.
- 당신은 지속적으로 네트워크 협력의 가능성이 있는 사람을 찾아야 한다.
- 당신에게 거창한 약속을 하는 사람들은 조심하라. 서로에 대한 많지 않은 기대와 작은 목소리로 시작하는 일이 오히려 성공의 가능성을 약속한다.
- 당신의 위탁 파트너에게 기본적으로 당신이 그의 능력을 높이 평가하며 많은 관심을 가지고 있음을 알도록 해주어야 한다.
- 만약 기대했던 대로 일이 마무리되지 않았을 때는 분명한 반응을 보여야 한다.
- 당신이 만족할 수 없는 경우에는 합리적인 지불의 해결책을 찾도록 노력하라.

누구에게나 위기는 있다

프리랜서와 독립기업가들의 직업적인 성공은 단지 훌륭한 서비스 제공, 크고 작은 프로젝트의 성공, 혹은 수입 증가 등으로만 이루어지는 것이 아니라 실패를 극복하는 능력에 크게 좌우된다.

프리랜서와 독립기업가들이 겪는 힘겨운 상황들은 얼마든지 나열할 수 있다. 며칠 전에 새로운 팸플릿을 동봉한 우편물을 고객들에게 보냈는데도 전화는 여전히 침묵하고 있다. 비싼 비용을 지불한 광고는 호응을 얻지 못하고 있다. 새로 문을 연 상담실에는 거의 손님이 없고, 워크숍은 신청자 숫자가 너무 적어서 연기되거나 취소된다. 이미 많은 것을 투자했고 거의 확실했던 계약이 알 수 없는 이유로 무효화된다. 또 고객들은 대금 지불을 하지 않거나 합의했던 것보다 적게 지불한다.

만약 당신이 성공하기 위해서 혼자 힘으로 살아가야 한다면 그리고 자기 자신 외에는 다른 누구에게도 책임을 넘길 수 없다면 모든 실패에 대해서도 당신 스스로 책임을 져야만 한다. 더군다나 과거에 직장생활을 하면서 잘못된 모든 일의 책임을 아래나 위의 사람들에게 넘기는 법을 배운 사람이라면 특히 상황이 어려워진다.

실패에 잘 대처한다는 것은 나 자신의 실수와 더불어 살아가는 법을 배운다는 의미이다. 만약 당신이 자신의 실수와 긍정적인 관계를 맺지 못한다면 프리랜서나 독립기업가로 살아남을 수 없을 것이다. 그게 그렇게 간단하지가 않다고 당신은 이의를 제기할 것이다. 결국 당신은 서투른 사람이 되고 싶지 않은 것이다. 그러나 실패에 긍정적으로 대처한다는 것은 개인적인 실패를 다음과 같이 받아들이는 것이다.

- 당신의 개인적인 한계를 보여주는 것이다.
- 당신의 이상적인 자기 이미지를 현실적으로 수정해 준다.
- 내적인 성숙의 기회를 주는 것으로 받아들인다.

단지 당신이 언제나 똑같은 실수를 반복해서 저지르는 경우에만 심각하게 스스로를 질책할 만한 이유가 된다. 그런 경우가 아니라면 당신은 실패를 통해 소중한 경험을 하고 있는 것이다. 계속해서 똑같은 자리를 도는 망가진 레코드판이 아니라 내면을 향하는 사다리를 한 계단씩 올라가는 그런 경험을 말이다. 그렇다고 너무 오만해지지는 말라. 그리고 코이너 씨(B. 브

레히트)가 지금 무엇을 하고 있느냐는 질문에 답했던 말을 기억하라. "나는 지금 다음번 실수를 준비하고 있다." 또한 헨리 포드는 언젠가 한 인터뷰에서 이렇게 말한 적이 있다.

> "내 성공의 비밀은 내가 실수를 적게 한다는 것입니다."
> "어째서 당신은 실수를 별로 안하시죠?"
> "그건 내게 경험이 많기 때문이죠."
> "어떻게 당신은 그렇게 많은 경험을 하게 되었죠?"
> "그건 바로 내가 실수를 많이 했기 때문입니다."

직장인이든 자유업인이든 주변에는 끊임없이 불행한 일을 겪는 사람들이 있다. 다른 사람이 바로 코앞에서 그들의 계약을 가로채간다. 혹은 고객들이 그들에게 대금을 지불하지 않거나 지연한다. 또 그들의 컴퓨터가 마감일 직전에 고장이 난다. 흔히 그런 사람들 중에 자기 자신을 실패자로 규정하고 어떤 일이 예외적으로 성공하려고 할 때는 매우 당황해 하는 사람들이 있다. 이런 경우에는 오직 한 가지만이 도움이 된다. 무조건 실패자로서의 역할에서 벗어나는 것이다.

만약 당신이 자신의 실수와 더불어 살아갈 수 있다면 아마도 다른 사람의 실수를 받아들이는 일도 훨씬 쉬울 것이다. 그렇다고 다른 사람들의 실수를 무조건 긍정하고 받아들이라는 의미는 아니다. 그와 반대다. 만약 무엇인가 당신 생각에 맞지 않을 때는 확실하게 항의를 해야 한다. 다만 상대의 실수를 개인적으로 받아들이거나 상대방에 대한 좋지 않은 감정 때문에 공격적이 되어서는 안 된다는 말이다. 서로 실수의 책임을 묻는 한계를 정하고 개선을 종용하는 일은 당신이 상대방에게 상황을 올바르고 바람직하게 만들려는 기본적인 의도를 확실하게 전달할수록 더 잘 이루질 수 있다.

개인적인 위기

때로는 여러 번의 실패가 쌓여서 심각한 개인적인 위기로 발전할 수 있다. 성인으로서 처음으로 깊은 낭떠러지로 떨어진 사람은 최악의 경우 자살의 환상을 느낄 수도 있다. 그러나 대부분의 경우처럼 그러한 환상이 그저 환상으로 머문다면 이런 위기는 개인적인 발전의 계기가 될 수 있으며, 자신에 대해 더 잘 알 수 있는 기회가 될 수 있다.

그러나 이와 반대로 마지막 탈출구로 육체적인 파멸을 선택한 사람은 삶을 너무 경솔하고 동시에 너무 심각하게 생각한 것이다. 개인적인 발전의 기회가 사라지는 것이기 때문에 경솔한 것이고 그런 고통을 외형적인 행동 대신에 내부적으로 처리할 수도 있었을 것이기 때문에 지나치게 심각했던 것이다.

힘든 상황을 벗어나기 위해 꼭 결정적인 동기가 필요한 것은 아니다. 약간의 환상, 유머감각, 그리고 날카로운 사고만 있으면 이미 충분하다. 패배자라는 고통스러운 느낌은 실패에 대한 공개적인 고백을 통해서 마치 레몬알약처럼 녹아 풀어질 수도 있다.

중요한 것은 실패에 대해 올바른 감정을 발전시키는 것이다. 아주 어린 시절 우리는 두 걸음, 세 걸음을 걷고는 때로는 앞으로, 때로는 엉덩이로 넘어지곤 했다. 나머지 인생도 그런 상황과 무엇이 크게 다르겠는가?

32세의 베른트는 영화배급사를 운영하다가 실패를 하였고 파산 신고 연기로 거의 고소를 당할 뻔하였다. 그는 마지막까지도 지불을 연체한 고객이 그의 미회수금을 해결해 줄 것으로 믿었기 때문이다. 그가 직접 쓴 시나리오를 판매하기 시작했을 때도 그의 부채는 상당히 많았다. 그런데 다행히도 그의 작품이 좋은 반응을 얻었고 2년이 지난 후에는 부채액의 절반을 상환하였다. "그런 추락의 경험이 없었다면 나는 직접 쓴 시나리오를 팔고 그것에 대한 협상을 할 에너지가 결코 나오지 않았을 것입니다. 그러나 부채로 인해 나는 현실에 눈을 뜨게 되었고 이런 경험이 전반적으로 개인적으로도 좋은 영향을 미쳤습니다"라고 그는 말했다. 처음 파산 직후 그는 조금은 실망한 듯 보였지만 지난번 만남에서는 자연스러운 자신감으로 충만해 있었다.

당신이 위기를 성공적으로 극복할 수 있는지는 근본적으로 그것을 어느 정도로 심각하게 여기느냐에 달려 있다. 나의 경험으로 볼 때 위기에 처한 사람이 자신에게나 다른 사람에게 책임 전가를 하지 않는 마음가짐이 되기까지는 어느 정도의 시간이 걸린다. 책임이 있다는 것은 적어도 능동적으로 내가 원하는 일을 시도했다는 뜻이다. 때문에 이런 말도 있는 것이다. "아무것도 하지 않은 사람은 실수도 하지 않는다."

그러나 다른 한편으로 책임이란 우리를 마비시키고, 우리를 과거와 연관시키며, 적극적인 미래의 설계를 방해하기도 한다. 때때로 우리가 진정으로 나쁜 일을 당하거나 힘든 일을 겪게 될 때는 책임을 회피하고 싶고 누군가 대신 일을 해결해 주기를 기대하게 된다. 그러나 우리는 이제 성인이며 스스로 위기에서 빠져나와야 한다.

52세의 마르틴은 많은 경험을 한 후에 전문시장에서 감탄하는 최고급 스피커의 독립적인 제작자로서 성공을 하였다. 그리고 실패를 통한 이런 학습의 과정을 인터뷰에서 이렇게 격의 없이 말했다. "저는 이제 스스로를 미성숙하게 만들지 않습니다. 그리고 어떤 사람은 다르게 행동할 것이라고도 주장하지 않습니다." 그는 이러한 '기업 정신'으로 시장에서 자리를 잡았고 지하 공장을 포함한 커다란 아파트를 유지할 수 있었다.

위기의 경험 없이 개인적인 성장은 불가능하다. 때로는 자유업의 결정을 내리는 동기가 이런 위기들인 경우도 있다. 위기는 개인적인 발전의 중요한 과정이다. 이런 위기는 우리들로 하여금 내적으로 여러 가지 개인적인 생각과 근본적인 논쟁을 하도록 강요한다. 그래서 우리가 무엇을 통해 자극을 받고 충동되는지를 스스로 깨닫게 만든다. 그것이 욕망인지, 기쁨인지, 용기인지, 두려움인지, 분노인지, 절망인지 혹은 사랑인지를 말이다. 그리고 그것에 따라 우리가 누구이며 삶에서 무엇을 원하는지가 결정된다.

나의 고객 중 한 사람인 리하르트는 중소기업의 산업체에서 프로젝트 개발자로 일했다. 그런데 이 회사가 외국 콘체른에 의해 합병되었고 새로 온 상사는 그가 업무 결정을 잘못했다며 비난했다. 이 결정은 그가 당시의 상사와 의논하여 내린 것임에도 불구하고 말이다. 결국 리하르트는 사표를 냈다. 사실 그에게는 세상이 무너진 것과 같은 일이었다. 여기에다가 얼마 전부터 짓고 있던 멋진 집을 팔아야만 했다. 특히 가장 나쁜 일은 그 동안 흔들리던 그의 결혼생활이 결국 파국에 이르게 된 것이다. 그러는 사이 3년이 지났고 리하르트는 최근에 치료사 자격시험을 통과했다. 50대 초반의 나이로 말이다. 아직 새로운 파트너를 찾지는 못했지만 그는 자신감에 넘치고 있다. 왜냐하면 그가 예전에 비해 돈을 훨씬 적게 벌더라도 뭔가 의미 있는 일을 하고 있다는 느낌을 가지게 되었기 때문이다. "점점 저는 힘들었던 경험에 대해 감사하는 마음까지 생깁니다." 그는 반년간의 상담을 끝내고 1년이 지난 뒤 이렇게 말했다. "그래서 저는 물질적으로는 예전보다 소박하게 살고 있지만 이 일을 하면서 훨씬 더 많은 기쁨을 느낍니다."

실패와 위기 극복을 위한 힌트

- 실패의 느낌을 의식적으로 체험하라.
- 불쾌한 감정을 의식적으로 표현하라. 친구들과의 대화, 당신만의 공간에서의 휴식, 혹은 상담가와의 대화를 통해서 말이다.
- 원하지 않았던 사건에 대해 당신 자신의 내적인 평가를 기록해 두라. 그리고 당신이 동경하는 인물이라면 그런 상황을 어떻게 평가할지 생각해 보라.
- 실패가 당신에게 준 교훈의 가치를 잘 기억하라. 당신이 자신의 그늘의 편에 설 수 있을 때 당신은 한 사람으로서 더 완전해지고 더 충실해진다.
- 당당하게 실수를 인정하라.
- 다른 사람의 실수에 대해서는 관대함을 베풀되, 실수를 막기 위한 싸움에서는 결코 느긋하지 말라.
- 예전의 성공들을 분명히 기억하라.

자신감

　당신은 프리랜서와 독립기업가로서 고객을 상대하면서 자신감이 대단히 중요한 성공의 요소라는 점을 반복해서 경험하게 될 것이다. 자신감이란 외부적으로 눈에 보이는 탁월함과는 상관이 없다. 그것은 다른 사람에게 의도적인 영향을 미치는 것이기보다는 발전의 위기를 의식적으로 극복하는 것과 더 많이 관련되는 내적인 능력이다. 당신이 더 많은 자신감을 가지고 있을수록 고객을 자아 확인을 위해 이용하거나 과장된 아첨을 통해 불쾌하게 만드는 일이 적어진다.

　당신의 자신감은 고객에게 느껴지게 마련이고 그가 원하는 일이 당신을 통해 잘 이루어질 것이라는 느낌을 준다. 대부분의 고객들은 무의식적으로 당신의 겸손한 행동이 부족한 혹은 강한 자신감의 표현인지 그리고 자기가 성취한 일에 대한 고백이 진실인지 혹은 허풍인지를 정확히 느낀다.

　자신감과 자기가치 의식이란 작은 걸음이라도 자기 자신을 칭찬할 때 그리고 비록 다른 사람들로부터는 숙련가로 칭해지더라도 스스로를 '영원한 초보자'로 여기는 법을 배울 때 얻어지는 것이다. 자신감이 부족한 대부분의 사람들은 작은 발전이나 성공을 자신들이 원하는 거대한 이상에 비춰 과소평가하는 실수를 저지른다. 그러나 심리학자인 볼프강 쉬미트바우어는 이런 높은 이상을 '파괴적인 것'이라고 표현했다. 왜냐하면 그런 이상들은 우리를 더 개선시키거나 내적으로 발전하게 만드는 것이 아니라 자기 의심과 자기 파괴를 강화시키는 경향이 있기 때문이다. 어떤 사람들은 진정으로 하는 칭찬을 빗댄 비판으로 오해하거나 칭찬을 조롱과 멸시로 비하하여 받아들이려고 해서 진정으로 자기 가치를 느끼지 못하는 경우도 있다.

조각가이며 화가인 라르스는 전시회에서 자신이 느끼는 불쾌함에 대해 친구에게 털어놓았다. 그는 손님들이 자신의 전시된 작품에 대해 감탄하면 그들에게 숨겨진 약점을 가르쳐주고 그럼으로써 간접적으로 그들의 작품 보는 눈이 얼마나 제한적인지를 알려준다. 어느 날 한 나이든 신사가 와서 그의 작품에 대해 분명한 그러나 약간은 서투른 평가를 했다. 라르스는 이미 조금 취한 상태였고 신사의 평가를 비웃었다. 후에 그가 친구들로부터 들은 바에 의하면 그 신사는 한 호텔 체인의 지점장으로 새로 문을 여는 그의 호텔을 위해 그의 작품을 사려고 했다고 한다. 그러나 그와의 만남 이후 없던 일이 되어버렸다. 라르스는 자신의 잘못을 뼈저리게 느꼈고 그 때 이후로는 그의 태도도 많이 변했다. 특히나 전시회에서는 더욱 그랬다.

자신감은 자유업인으로 출발하기 위한 전제조건이며 동시에 자유업을 함으로써 얻어지는 결과이기도 하다. 만약 당신이 인적 네트워크 내에서 그리고 고객과의 관계 속에서 생기는 자아 찾기의 위기를 몇 년 동안 극복해 낸다면 앞으로 닥칠 어려움

들을 훨씬 더 쉽게 이겨낼 것이다. 또한 더 적은 노력으로 더
많은 완벽성을 가지고 일하게 될 것이다.

자신감을 강화시키기 위한 힌트

- 실패로부터 자극을 받아라. 창의 날을 다른 쪽으로 돌리는 것이다. 당신을 해치우려고 하는 것은 오로지 당신을 강하게 만들 뿐이다. 만약 당신이 그 도전을 받아들인다면 말이다.
- 당신을 힘들게 만드는 사람들과의 접촉을 피하라.
- 당신 자신을 동경하는 다른 사람과 혼동하지 말고 자기 자신을 있는 그대로 받아들여라. 현실적인 자기 이미지를 만들어라.
- 당신이 더 나은 이미지를 만들고 싶어하는 어떤 다른 사람을 돕는다고 가정해 보라. 당신 자신의 장점들을 찾아보라.

직관의 힘

미리암은 90년대 초반에 의료보조사로서 일해오다가 다니던 직장을 그만두었다. 그녀는 이 직업을 통해 개인적인 발전을 할 수 없다고 여겼기 때문에 아무런 즐거움을 느끼지 못했다. 당시 30대 초반이었던 그녀는 실업자로 신고를 했다. "저는 사진작가, 치료사 혹은 근육치료사처럼 보다 창의적인 일을 하고 싶었어요." 두 번의 꿈과 별자리 점술의 조언에 따라 그녀는 치료사 교육을 시작하게 되었다. "이때부터 저는 길을 알려주는 내면의 목소리를 듣게 되었고 마음속으로 제 앞에 놓여 있는 길을 뚜렷하게 보았습니다."

분명히 당시에 많은 사람들이 그녀가 이미 교육받은 일을 지속하는 것이 낫다고 조언했을 것이다. 그러나 '합리적인' 이유들이 언제나 믿을 만한 나침반이 되는 것은 아니다. 다른 인터뷰 대상자는 첫번째 직업에 대해서도 기본적으로 자신에게 맞는 길이라는 느낌이 들었지만 직장 생활을 통해 자신의 발전이 제한되는 느낌이 들었다고 말했다. 그래서 그는 내면의 목소리를 따라 새로운 일을 찾았고 활기차게 삶을 살아가기 시작했다.

52세의 볼프람은 댄스치료라는 새로운 교육을 마치기 전에는 다루기 힘든 청소년들을 상대하는 사회 교육자였다. 그 후에

그는 외국에 있는 기관에서 심리치료사 교육을 받기로 결정하
고 절약하며 생활했다. 그러다가 사람들을 자기 체험의 길로
안내하는 기획을 하게 되었는데, 처음에는 그다지 반응이 좋지
않았다. 왜냐하면 치료사의 세계에서는 그의 기획이 너무 예술
적이었고 댄스치료 쪽에서 보면 댄스적인 면이 너무 적었기 때
문이다. 그래서 그가 고정적인 고객을 얻기까지는 시간이 걸렸
다. 그러나 일단 그 시기가 지나자 많은 반향을 불러일으켰다.
그는 몇 년 동안 독일과 유럽에서 워크숍을 개최하며 투어를
한 후에 조금씩 자신의 프로그램을 줄여가고 있다. 왜냐하면
그는 이제 휴식이 필요한 때로 여겼기 때문이다. 그 후에 어떤
일이 벌어질지 우리가 대화를 했던 당시에는 아직 확실하지 않
았다. 지금 그는 돈을 잘 벌던 시절에 사놓은 별장을 꾸며서 소
박한 생활을 하면서 휴가를 누리고 있다.

  만약 당신이 현재의 직업이 자신에게 맞는 것인지 확신할 수
없다면 다음과 같은 실험을 해보라고 권유하고 싶다. 이런 실
험은 당신 혼자서도 할 수 있고 전문가의 도움이나 친구들의
지원이 있어도 좋다. 당신이 아직 남아 있는 삶을 나이가 들어
되돌아본다고 상상해 보는 것이다. 그리고 당신의 직업적인 행
로를 70번째 생일을 맞이한 연설자의 시각에서 칭찬해 보는
것이다. 기본적인 상황들이 어떠했는가? 언제 추락과 새로운
시작이 있었는가? 당신이 새로운 일을 시작하게 된 동기는 무

엇이었는가?

  이런 실험이 당신에게 현재의 직업과 연관된 느낌을 분명하게 느끼도록 도와준다. 또한 미래의 당신 직업에 대한 비전을 갖는 데도 도움이 될 것이다. 이것은 당신 자신의 삶에 대한 무의식적인 생각을 깨우기 위해 활용할 수 있는 여러 방법 중 하나일 뿐이다.

직관력 강화를 위한 힌트

- 일상생활 속에서 자신의 내면의 목소리에 귀를 기울여라.
- 당신의 꿈과 소망에 대해 생각해 보라.
- 당신의 인생에서 무계획적인 것을 위해 약간의 공간을 만들어라.
- 여러 가지 상상을 통해서 당신의 비전을 만들어라.

지구력, 실패 없는 성공은 없다

"나는 같은 길을 가던 10명의 동료들을 잃었습니다" 라고 41세의 미리암은 말했다. 그녀는 그 동안 식물을 이용하는 방식으로 성공한 치료사가 되었다. "그들은 한마디로 힘든 시기를 버텨낼 만한 지구력이 없었어요. 그리고 지금 그들은 실업자가 되어 있거나 어딘가에 취직을 했죠." 그녀 자신도 개인적인 치료 업무와 함께 개최하고 있는 강의나 세미나의 예약이 다 차기까지는 거의 12년의 세월이 걸렸다. 물론 반복적으로 그녀는 허리띠를 졸라매며 지내야 했던 시기를 겪었다. 그러나 그녀는 일단 자신이 선택한 길로 향하는 걸음을 멈추지 않았다. 자신의 길에 대한 지구력과 직관적인 느낌은 서로 상호 작용을 한다. 당신이 스스로 올바른 길로 가고 있다고 확신하면 할수록 많은 어려움에도 불구하고 그 길을 가기가 더 수월해진다. "우리는 길을 방해하는 돌을 가지고도 무엇인가 아름다운 것을 만들 수 있다."(E. 케스트너)

지구력이란 일상적인 현실 속에서 우리가 특별히 기분이 나지 않거나 100% 기분이 좋지 않아도 일을 하러 가는 것을 의미한다. 물론 당신이 직장인이라면 내일 아침에 일어날지 안 일어날지를 고민할 필요도 없다. 무조건 출근을 해야 하니까 말이다. 그러나 프리랜서와 독립기업가인 당신은 아침에 일어나서 일을 하러 갈지를 스스로 결정하고 스스로 책임져야 한다. 당신의 의욕이 부족하다고 비웃는 사장도 동료들도 없다. 그 대가는 당신이 결코 유치하지 못할 시장과 고객을 통해 지불될 테니까 말이다. 부족한 자기 원칙은 대부분 즐거움을 우선시하는 경향 때문이다. 여기에 대해서는 단 한 가지 방법이 있다. 자기 원칙을 지키기 위해 즐거움 내지는 삶의 기쁨을 단기적으로는 미뤄두지만, 장기적으로는 현저히 많아질 것임을 명백히 기억해 두는 것이다.

49세의 베르너는 그가 시도했던 모든 일에서 실패를 했다. 먼저 그는 영문학을 공부하다가 도중에 학업을 포기했다. 그리고는 택시 기사로 일을 했지만 자신의 인생에서 무엇을 할지 특별한 목표가 없었다. 마침내 그는 다른 사람들과 함께 번역회사를 차렸지만 몇 년 후에는 계약 부진으로 실패하고 말았다. 40대 중반에 그는 심각한 위기에 처하자 술을 마셨고 부인과도 헤어지게 되었으며 결국 생활보조금을 받는 신세가 되었다. 그런 후에 그는 한 인도의 무속인과 만나게 되었고 한참 동안은 멕시코에 있는 작은 공동체에서 지내기도 했다. 몇 년 전부터 그는 멕시코에서의 체험 여행을 기획했으며 작은 여행사도 소유하게 되었다. 그의 사업은 해마다 조금씩 나아졌고 그의 개인적인 상황도 좋아졌다. 그의 인생에서 변화를 가져다준 것은 과연 무엇이었는가? 베르너는 말하기를 "갑자기 저는 제 인생에 대한 확실한 비전을 가지게 되었어요. 그것은 제게 확신과 내적인 안정감을 주었지요. 그것은 마치 인생이 내 몸 전체로 이야기를 전달하는 것 같았어요. 예전에 저는 언제나 제 결정이 올바른 것인지 고민하고 걱정했었는데 말이죠."

우리는 분명히 각자의 적극성을 통해 많은 것들을 성취할 수 있을 것이다. 그러나 결코 원하는 모든 것을 얻을 수 없다. 그런 측면에서 자신의 힘에 닿는 데까지 노력한다는 말은 자신의 한계를 인정한다는 뜻이다. 그러므로 지구력이란 반만큼의 적극성과 또다른 반만큼의 인내와 믿음으로 이루어진 것이다. 우리는 적극성의 의미를 지나치게 강조하고 성급하게 목표에 도달하려는 경향이 있다. 그러나 그것은 단지 진실의 반쪽일 뿐이다. 나머지 반쪽은 목표를 놓아주는 것이다.

그래서 흔히 다음에는 어떤 직업적인 도전이 닥칠지 잘 모르고 있는 것이 좋다. 그래야만 기대하지 않았던 것을 위한 공간이 생기기 때문이다. 한 번 혹은 여러 번의 실패를 겪는 것은 예외적인 상황이 아니라 일반적인 일이다. 당신이 어려운 조건 속에서도 자신의 길을 갈 준비만 되어 있다면 실패를 통해서 자기 자신을 시험해 볼 수 있다. 그런 다음에야 우리는 스스로 인생을 꾸려가고 노력의 열매를 거둘 만큼 성숙하게 된다.

"나는 꿈에도 인생이 나에게 그렇게 많은 것을 선물하고 있다고는 생각하지 않았다." 당신이 언젠가 자기 자신과 자신의 직업에 대해 이렇게 말할 수 있기 위해서 꼭 유명인사가 될 필요는 없다. 당신이 자신의 길에 충실히 머무는 것만으로도 충분할 것이라고 믿는다.

지구력 강화를 위한 힌트

- 의지에 대한 당신의 개인적인 정의를 세워라.
- 작은 과제를 통해 당신의 의지를 강화하라.
- 성공에 대해 당신 자신을 칭찬하라.
- 역사 속에서 당신의 모범이 될 대상을 찾아라.
- 멘토나 트레이너, 혹은 치료사를 통해 당신을 지원해 줄 사람을 찾아라.
- 현실적인 목표를 세워라
- 발전에 대해 스스로를 칭찬하라.
- 만약 자기 비난을 하고 있는 자신을 발견할 때는 바로 중단하라.
- 자학적인 행동을 알아내고 행동변화를 위한 전략을 개발하라.

특별한 '나'를 세상에 드러내는 기회

화창한 5월의 대학 캠퍼스, 초록의 잔디와 햇빛에 반짝이는 미시건 호수의 푸른 물빛, 그 주변을 수많은 대학생들이 오고 간다. 큼직한 가방에 편한 옷차림, 활기찬 그들의 모습에서 희망과 꿈을 본다.

우리에게도 그런 시절이 있었다. 막연하더라도 꿈이 있었고 희망이 있었다. 그런데 우리의 현실은 생각만큼 그리 호락호락하지 않다. 대학 졸업장을 손에 쥐어도 원하는 자리를 구하기란 정말 쉽지 않다. 환경 미화원 모집에 수많은 지원자들이 몰리고, 파트타임 직업도 구하기가 힘들다는 보도를 접하면서 알수 없는 허탈감을 느낀다. 그러나 바로 이런 힘든 시기야말로 우리가 진지하게 독립에 대한 계획을 세우고 특별한 나를 세상에 드러낼 절호의 기회일지도 모른다.

날이 갈수록 취업전선의 상황이 힘겨워지는 요즘 프리랜서, 1인기업가, 독립기업가라는 단어들은 어느새 많은 사람들에게 익숙한 용어가 되었다. 프리랜서라는 말은 원래 중세 유럽에서 영주에 소속되지 않은 기사의 명칭에서 유래되었다고 한다. 그리고 현대에 이르러서는 흔히 전속이 아닌 자유계약 기자, 자유기고가, 작가, 배우 등을 비롯해 많은 분야로 확장되었다. 그러나 과거에나 지금에나 프리랜서 방식으로 살아가는 사람들에게는 그들이 누릴 수 있는 자유와 더불어 절대적으로 감수해야 할 책임과 개성 표현의 과제가 부여된다. 더구나 적당한 생계 유지 정도가 아니라 성공적이고 남들과 구별되는 독립기업가가 되기 위해서는 안정적인 직장인들보다 몇 배의 노력과 몇 배의 자기 확신이 필요할 것이다.

이 책은 그런 측면에서 프리랜서와 독립기업가로서 새롭게 출발하려는 사람들과 이미 그 대열에 낀 사람들 모두에게 실용적인 정보와 조언을 준다. 또한 본문을 따라가다 보면 기본적으로 타인들과 동등한 능력을 갖춘 상태에서 보다 중요한 것은 차별화 전략임을 절감하게 된다. 남들과는 다른 나만의 '특별함'이 있어야 한다. 그러기 위해서는 먼저 나 자신을 속속들이 알아내는 일이 전제되어야 한다.

본문에서 소개된 여러 가지 항목들을 함께 체크해 나가다 보면 나의 문제점은 무엇이고 장점은 무엇인지를 조금씩 파악해 나갈 수 있으며, 같은 분야에서 일하고 있는 자유업인들의 네트워크 형성이 갖는 중요성도 흔히 간과되기 쉬운 항목임을 일깨워준다. 이러한 네트워크의 구축을 통해 얻을 수 있는 효과는 생각보다 크다.

　번역을 마무리하면서 나 역시 프리랜서로서 끊임없이 큰 격려와 고무적인 자극을 받았음을 털어놓는다. 또 이 책을 읽으면서 얻은 큰 소득 중 하나는, 비록 현재의 상황이 지극히 안정적이거나 만족스럽지 않다고 해도 분명히 미래의 사회는 프리랜서와 독립기업가들에게 유리한 상황이 될 것이라는 확신이었다. 독자들도 이 책을 통해 그런 희망과 격려를 얻는 기회가 되기를 바라는 마음이다. 그리고 충분히 그렇게 되리라고 믿는다. 왜냐하면, '진정으로' 원하는 일을 할 수 있다는 사실만으로도 프리랜서와 독립기업가들은 가장 행복한 사람들이기 때문이다.

2004년 5월, 시카고에서
신혜원